Für Diana

Du hast mir
für so vieles erst
die Augen geöffnet!

Sind WIR noch zu retten?

Wolfgang Förster

Sind
WIR
noch zu retten?

Ein Wegweiser durch Beziehungskrisen.

> **Bibliografische Information der Deutschen Nationalbibliothek:**
> Die Deutsche Nationalbibliothek verzeichnet diese Publikation in der Deutschen Nationalbibliografie; detaillierte bibliografische Daten sind im Internet über http://dnb.d-nb.de abrufbar.

© 2014 by Wolfgang Förster, Hennef

Herstellung und Verlag: Books on Demand GmbH, Norderstedt

ISBN 978-3-734-73826-5

Alle veröffentlichten Texte sind urheberrechtlich geschützt. Das gilt auch gegenüber Datenbanken und ähnlichen Einrichtungen. Die Reproduktion, ganz oder in Teilen, durch Nachdruck, fototechnische Vervielfältigung und andere Verfahren oder die Einspeisung in EDV Anlagen bedarf der vorherigen schriftlichen Zustimmung des Verlages. Alle übrigen Rechte bleiben vorbehalten.

Die aufgeführten Informationen wurden sorgfältigst recherchiert.
Dennoch kann der Autor für die Richtigkeit keine Gewähr übernehmen.

Inhalt

Vorwort 7

Einleitung
Liebe - Streit - Trennung oder gibt es noch einen anderen Weg? 9
Gründe für eine Krise kann es viele geben... 11
Sieben Fehler, die jeder Beziehung schaden 15

Begriffsbestimmungen
Verliebt - Die Vorstufe zur großen Liebe.. 18
Liebe - Die schönste Sache der Welt. 19
Liebeskummer - Wie damit umgehen? 25
Partnerschaften - Jede ist einzigartig 27
Die Ehe - Ein auslaufendes Modell? 28
Kinder - Bereicherung oder Belastung. 31
Seitensprung - Gelegenheit macht Liebe 33
Muss nicht sein - Die Eifersucht 35
Gewalt in der Ehe - Da hört der Spaß auf 37
Fernbeziehung - Eine außergewöhnliche Belastung 39
Midlife Crisis - Da muss man durch... 41
Beziehungskrisenzeiten: Weihnachten, Urlaub... 42
Wenn ernste Krankheiten die Beziehung belasten 43
Ungewollte Kinderlosigkeit 45
Erektile Dysfunktion - Ein Männerproblem? 47
Scheidung - Eine Chance für den Neuanfang? 49
Der Tod 52

An der Beziehung arbeiten - Es lohnt sich
Alltagsroutine - Wo ist das Prickeln geblieben? 54
Eine Krise - Es muss nicht der Anfang vom Ende sein. 55
Der erste Schritt - Eine Analyse 58
Füreinander - Miteinander 59

Selbstreflexion - Der Blick auf das eigene Ich 59
Zielgerichtet miteinander kommunizieren 61
Dialog - Die bessere Alternative. 61
Streitkultur 62
Externe Hilfe 63
    Mediation. 63
    Beziehungsberatung, Paartherapie 64
Auszeit von der Beziehung. 65
Wenn gar nichts mehr geht - Das Ende 66
    Das Ende einer eheähnlichen Beziehung 68
    Scheidung - Das Ende einer Ehe. 68
Kinder in der Beziehungskrise. 69

Neun Fallbeispiele. 71

Anhang
Info Adressen 82
Beratung im Netz 85
Literaturverzeichnis 88
Zu guter Letzt - Ein Nachwort 89

Liebe Leser

Sinn und Zweck dieses Buches kann es nicht sein, Ihre Ehe, Beziehung oder Partnerschaft zu retten - das können nur Sie selbst schaffen. Ich bin weder ein Schamane, noch ein Magier, der Sie und Ihren Partner in die Zeit zurückversetzen kann, als bei Ihnen noch alles in Ordnung war. Als die Liebe noch bei Ihnen beiden Herzklopfen und das Gefühl von Brausestäbchen im Bauch erzeugte. Wer Ihnen das verspricht, ist ein Scharlatan.

Dieser Wegweiser soll Ihnen statt dessen Möglichkeiten aufzeigen, wie Sie und Ihr Partner eine gemeinsame Lösung finden können, mit der Sie beide zukünftig gut leben können. Im Idealfall wäre das natürlich die glückliche Fortsetzung Ihrer bisherigen Beziehung. Aber garantieren kann das niemand.

Egal wie die Problemlösung letztendlich aussehen mag - Sie müssen es beide wollen, Sie müssen beide daran mitarbeiten und Sie müssen das Ergebnis der Bemühungen gemeinsam tragen.

Dieses Buch kann Ihnen nur die Richtung anzeigen, den Weg müssen Sie selbst gehen. Optimal wäre es, Sie würden ihn zusammen mit Ihrem Partner beschreiten …

Sind WIR noch zu retten?

Liebe - Streit - Trennung
Oder gibt es noch einen anderen Weg?

Die Wegpunkte in Beziehungen ähneln sich oft: Sympathie, Freundschaft, Liebe, Partnerschaft, Ehe - und dann? Manch einer überspringt vielleicht auch den ein oder anderen Punkt, kann es gar nicht abwarten. Wieder andere wählen einen völlig gegensätzlichen Weg, kommen über die Freundschaft zur Liebe oder über eine Partnerschaft (z.B. im Tanzkurs) zur Sympathie und dann zur Liebe.

Doch irgendwann gibt es fast immer mal Disharmonien in einer Beziehung, es kommt zum kleinen oder größeren Streit - zu Meinungsverschiedenheiten. Eigentlich nichts Schlimmes, doch reagiert nur einer der Partner in dieser Situation unüberlegt und nicht vernünftig oder reagieren sogar beide falsch, dann kann sich der vielleicht anfangs noch belanglose Streit schnell zu einer ausgewachsenen Beziehungskrise ausweiten. Ende offen...

In vielen Fällen hilft es in der Krise, den aktuellen Stand der Partnerschaft und auch sich selbst zu hinterfragen. Wo stehen wir? Wo stehe ich? Was will ich überhaupt und wo sehe ich mich in 5 oder 10 Jahren. Intensiv nachdenken über die eigene aktuelle Situation. Dann sollte ein klärendes, aber vorwurfsfreies und zielorientiertes Gespräch mit dem Partner erfolgen. Dabei sollte versucht werden, die Probleme aus dem Weg zu räumen und sie nicht durch unfaire und auch überflüssige Schuldzuweisungen noch zu vergrößern.

Glücklich kann sich derjenige schätzen, der sachlich und emotionslos mit derartigen Meinungsverschiedenheiten umzugehen weiß. Und der einen Partner hat, mit dem er reden kann und der ebenfalls eine gewisse Streitkultur besitzt. Das ist aber leider nicht bei allen Paaren so. Die Kunst zu streiten, also die Streitkultur, kann jedoch erlernt oder aber bei verschiedenen Politikern abgeschaut werden. Diese können sich im Plenarsaal mehr oder weniger sachlich mit den verschiedensten Themen heftig auseinandersetzen, sich aber als Mensch weiterhin schätzen und am Abend trotz aller Meinungsverschiedenheiten in der Sache, ein Bier zusammen trinken.

Die Beziehungskrise als solche zu ignorieren, gar nicht zu reagieren und es einfach laufen lassen wird der Partnerschaft langfristig schaden. Diese Einstellung zeugt von Desinteresse bzw. kann so ausgelegt werden. Und die Erfahrung zeigt, dass mangelndes gegenseitiges Interesse der Anfang vom Ende einer jeden noch so gut gestarteten Beziehung ist.

Ausschlaggebend wird es sein, schon frühzeitig seine Beziehungsprobleme zu erkennen und darauf kurzfristig zu reagieren. Bevor die Krise ins uferlose eskaliert. Bevor das Interesse an der Partnerschaft in Richtung Nullpunkt tendiert. Und so lange man noch ohne Mediator sachlich und ohne aufbrausende Emotionen vernünftig miteinander reden kann. Also je früher, desto besser.

Trotz allem sollte es nicht das alleinige und mit aller Macht angestrebte Ziel sein, unbedingt an der Partnerschaft festzuhalten. Wenn beide Partner die Beziehung aufrecht erhalten wollen, wenn sie es ihnen wert ist, dann lohnt es sich immer, Zeit und Arbeit zu investieren. Wenn aber nur einer der beiden bereits das Interesse verloren hat und wenn es keine Aussicht auf Besserung hinsichtlich der aktuellen Probleme gibt, dann kann es durchaus vernünftiger sein, die Beziehung als gescheitert zu betrachten und sich unter freundschaftlichen und tragbaren Bedingungen zu trennen.

Gründe für eine Krise kann es viele geben...

Wie die Beziehung selbst, können die möglichen Gründe für eine Krise vielfältig sein. Grundsätzlich gilt, dass eine Beziehungskrise umso leichter zu bewältigen ist, je früher man sie erkennt und aktiv wird. Die Vorgehensweise dabei ist durchaus unterschiedlich.

Alkohol, Drogen
Eine Beziehung mit einem Alkoholkranken oder einem Drogenkonsumenten ist über kurz oder lang zum Scheitern verurteilt, wenn nichts unternommen wird. Frühestmöglich externe Hilfe, z.B. bei einer Drogenberatungsstelle, in Anspruch nehmen. Über Therapie- und Entzugsmöglichkeiten sprechen. Wenn der Süchtige nicht mitzieht, die Beziehung notfalls beenden - sonst wird auch der Gesunde krank und leidet.

Alltagsstress
Ärger im Berufleben, krakeelende Kinder oder Streit mit den Nachbarn - da kann man schon mal aus der Haut fahren. Der Stress sollte sich aber nicht auf die eigene Partnerschaft auswirken. Über eventuelle Probleme unbedingt aussprechen. Gemeinsamkeit macht stark!

Arbeitslosigkeit
In der heutigen Zeit kann jeder plötzlich arbeitslos werden. Speziell für ältere Arbeitssuchende ist die Situation alles andere als rosig. Gerade dann braucht der Betroffene die Unterstützung und die Hilfe eines engagierten und starken Partners. Anders sieht es aus, wenn der arbeitslose Partner nicht mehr arbeiten will und sich seiner Verantwortung entzieht. Hier kann ein ernsthaftes Gespäch helfen. Gegebenenfalls muss man dann die Konsequenz ziehen.

Depressionen
Ein Beziehungspartner, der unter Depressionen leidet, kann unter Umständen zu einer enormen Belastung für die Beziehung werden. Ohne externe

Hilfe ist die Krankheit nicht in den Griff zu bekommen. Je früher die Diagnose erstellt wird, umso günstiger wird die Genesungsprognose ausfallen.

Eltern, Schwiegereltern
Speziell bei jungen Familien mischen sich die Eltern gerne ein, z.B. in Fragen der Kindererziehung. Hier sollte das Paar eine Strategie besprechen und dann kurzfristig gemeinsam das Gespräch mit den Eltern/Schwiegereltern suchen. Diesen dann freundlich, aber bestimmt klar machen, dass man gewillt ist, sein eigenes Leben zu leben, gegebenenfalls auch eigene Fehler zu machen und sich nicht weiterhin von den Eltern/Schwiegereltern bevormunden lassen will.

Eifersucht
... bekämpft man am besten gemeinsam. (Siehe Seite 35)

Entfremdung
„Ich kenne meinen Partner gar nicht mehr wieder." Ein oft zitierter Satz im Krisengespräch. Aber es ist ein langwieriger Prozess und je früher man die Entfremdung unterbricht, umso besser. Auch hier gilt es viel zu reden, sich für den Partner zu interessieren und sich für ihn interessant zu machen.

Fernbeziehung
Eine langfristige Trennung erfordert viel Vertrauen, Ausdauer und Organisationstalent. (Siehe auch Seite 39)

Finanzielle Probleme
Finanzielle Probleme können meist gelöst werden, indem man weniger ausgibt oder mehr einnimmt. Oder in einer gelungenen Kombination von beidem. Auch ein seriöser Schuldenberater könnte helfen - wobei die Betonung auf „seriös" liegen sollte. Städtische Beratungsstellen geben Informationen. Bevor ein eventuell überteuerter Kredit bei einem Geldinstitut aufgenommen wird und das Problem langfristig vielleicht noch vergrößert, erst einmal in der Familie und im Freundeskreis um Unterstützung anfragen. Auch hier gilt: Gemeinsamkeit macht stark.

Gleichgültigkeit

Ein absolut internes Problem, das man nur mit absoluter Offenheit in den Griff bekommt und in vielen Gesprächen erörtern sollte - bevor es alltäglich wird. Wenn trotz aller Anstrengungen keine gemeinsame Lösung gefunden werden kann, unbedingt einen Beziehungsberater oder einen erfahrenen Psychologen konsultieren.

Hausbau

Eine mögliche Krise von Anfang an in die Planung des Projektes mit einbeziehen. Motto: Was machen wir, wenn uns der Hausbau über den Kopf wächst? Nicht zu viel vornehmen. Realistisch bleiben, was die Arbeitsaufteilung angeht.

Häusliche Gewalt

Wehret den Anfängen. Unbedingt schon bei den ersten Anzeichen und Übergriffen aktiv werden. Noch bevor der Leidensdruck unerträglich wird, mit externen Hilfe die entsprechenden Konsequenzen ziehen. (Siehe ab Seite 37)

Kinder

Egal ob in der Patchwork-Familie oder eigene Kinder - die lieben Kleinen können manchmal auch zur Belastung für eine Beziehung werden. (Siehe Seite 31)

Krankheit

Ein heikles, weil auch vielfältiges Thema. Aber eine gemeinsam überstandene, schwere Krankheit kann eine Beziehung auch weiter festigen. (Weitere Infos ab Seite 43)

Persönlichkeitsprobleme

Menschen verändern sich in ihrem Leben, machen eine Entwicklung durch. Und dies nicht immer nur zum Positiven. Da diese Entwicklung langsam und vielleicht über Jahre abläuft, merkt man es nicht immer sofort und vielleicht erst, wenn es extrem wird.

Seitensprung
Eine Affäre kann vielfach das Ende einer Beziehung bedeuten - muss es aber nicht. Wie immer im Leben, kommt es auf die spezielle Situation und die Umstände an. (Siehe Seite 33)

Sexuelle Probleme
Auch diesbezüglich kann man an sich arbeiten. Den Betroffenen nicht alleine lassen, sondern das Problem offen und ehrlich gemeinsam angehen. Ärzte und Sexualtherapeuten sind die richtigen Ansprechpartner und können helfen. (Siehe auch Seite 47)

Unerfüllte Bedürfnisse
Reden, reden, reden - sich aneinander anpassen. Natürlich offen und ehrlich und ohne sich gegenseitig Vorwürfe zu machen. Einen gemeinsamen Konsens finden, der von beiden Seiten getragen wird.

Unerfüllter Kinderwunsch
... kann jede Beziehung schwer belasten und in eine tiefe Krise stürzen lassen. (Mehr auf Seite 45)

Unterschiedliche Entwicklung
Man lernt sich vielleicht zu Beginn des Studiums kennen, ein Partner ist ehrgeizig und entwickelt sich weiter, der andere bleibt auf seinem Level stehen. Dies sollte eigentlich gar kein Problem sein, weil Unterschiede sich ja angeblich anziehen. Und wer will schon ein Duplikat seiner selbst als Partner. Trotzdem sollten gewisse Gemeinsamkeiten vorhanden sein. Belasten neben der unterschiedlichen Entwicklung noch weitere Faktoren die Beziehung, besteht eine große Gefahr der Entfremdung.

Unterschiedliche Vorstellungen für die Zukunft
Der Eine möchte schnellstmöglich die Beziehung vertiefen, der Andere noch warten. Ein triftiger Grund für eine erste Beziehungskrise? Eher nicht, als halbwegs erwachsene Menschen sollten die Partner einen tragfähigen Konsens finden, mit dem beide gut leben können.

Sieben Fehler, die jeder Beziehung schaden

Wir nehmen uns zu wenig Zeit für den Partner und die Beziehung.
Die Beziehung ist wichtiger als Job oder Hobby. Entsprechend hoch sollte auch der Zeitanteil sein, den wir in die Beziehung investieren.

Wünsche und Gefühle werden nicht ausgesprochen. Wir erwarten, dass unser Partner sie errät, uns von der Stirn abliest.
Ein schöner Gedanke. Aber selbst, wenn man sich jahrelang kennt, ist es schwierig, sein Gegenüber perfekt zu „lesen". Und wer kann schon hellsehen? Da hilft nur miteinander kommunizieren. Immer wieder.

Wir übersehen das Positive an unserem Gegenüber oder sehen es als Selbstverständlichkeit an.
Damit verlieren wir das Gefühl für die Liebe, die der Partner uns entgegenbringt und vergeben eine Chance auf eine zu glückliche Beziehung.

Die Erwartungshaltung gegenüber unserem Partner ist zu hoch.
Nicht jeder kann eine olympische Goldmedaille gewinnen, nicht jeder bekommt den Nobelpreis. Wir sollten unseren Partner so lieben, wie wir ihn kennengelernt haben - so wie er ist.

Die Fehler und Schwächen des Partners überbewerten.
Jeder Mensch hat seine „Macken". Konzentrieren wir uns zu sehr auf diese, erscheinen sie uns immer wichtiger, immer größer.

Falscher Stolz kann vieles kaputt machen.
In jeder Beziehung sollte die Gemeinsamkeit absolute Priorität haben.

Eifersucht und fehlendes Vertrauen.
An übertriebener Eifersucht scheitern viele Beziehungen. Auch hier sollte man wertungsfrei miteinander über seine Gefühle reden und solange die Eifersucht grundlos ist, weiterhin dem Partner vertrauen.

Sind WIR noch zu retten?

Begriffsbestimmungen

Verliebt - Die Vorstufe zur großen Liebe

Wer kennt das nicht? Man trifft auf eine fremde Person, findet sie sympathisch, es macht „Zoom" oder „Klick" und plötzlich ist die ganz Welt in rosarotes Licht getaucht. Kitschig? Ja, aber schön!

Es hat uns erwischt. Wir haben uns verliebt. Dabei ist es nur eine besonders intensive Form der Zuneigung, die uns aber nicht mehr klar denken und manchmal auch nicht mehr vernünftig handeln lässt. Ein Großteil unserer Konzentration gilt nur noch der Zielperson und wir wünschen uns sehnlichst, dass unser Gefühl auch erwidert wird. Wir bemühen uns um sie und versuchen uns entsprechend zu präsentieren. Dabei sehen wir das „Objekt unserer Begierde" meist nicht mehr sachlich und unbefangen, sondern nur noch aus dem verliebten Blickwinkel, übersehen eventuelle Schwächen bzw. finden sie sogar liebenswert.

Unser Körper stößt verstärkt Adrenalin und Cortisol aus, wenn wir das Ziel unserer Verliebtheit sehen oder auch nur an es denken. Dadurch schlägt unser Herz schneller - das oft zitierte Herzpochen tritt ein. Gleichzeitig produziert unser Körper in diesem Zustand verstärkt das „Glückshormon" Dopamin, was die Euphorie erklärt, die im allgemeinen die Frischverliebten überkommt. Wir genießen diesen Rausch der Gefühle und fühlen uns wohl dabei.

Aber der Zustand des „Verliebtseins" hält nicht auf ewig an. Irgendwann stabilisiert sich der Hormonspiegel wieder auf ein normales Level. Dafür kommen zwei Auslöser in Frage:
- Aus der anfänglichen Verliebtheit entwickelt sich eine stabile Liebe (Das Ideal)
- Die Gefühle werden nicht erwidert - Liebeskummer entsteht (Die weniger schöne Variante)

Liebe - Die schönste Sache der Welt

Der Übergang vom Verliebtsein zur Liebe ist fließend. Als äußerlicher Anhaltspunkt für den Wechsel mag bei verantwortungsbewussten Menschen der Zeitpunkt gelten, an dem sie zum ersten Mal das „L-Wort" in Zusammenhang mit dem Partner benutzten. Aber die Menschen sind unterschiedlich und jeder empfindet die Liebe anders.

Wikipedia definiert den Begriff Liebe wie folgt: *„Liebe ist im Allgemeinen die Bezeichnung für die stärkste Zuneigung und Wertschätzung, die ein Mensch einem anderen entgegenzubringen in der Lage ist. Der Erwiderung bedarf sie nicht. Nach engerem und verbreitetem Verständnis ist Liebe ein starkes Gefühl, mit der Haltung inniger und tiefer Verbundenheit zu einer Person, die den Zweck oder Nutzwert einer zwischenmenschlichen Beziehung übersteigt und sich in der Regel durch eine entgegenkommende tätige Zuwendung zum anderen ausdrückt. Hierbei wird zunächst nicht unterschieden, ob es sich um eine tiefe Zuneigung innerhalb eines Familienverbundes (Elternliebe, Geschwisterliebe) oder um eine Geistesverwandtschaft handelt (Freundesliebe, Partnerschaft), oder aber um ein körperliches Begehren gegenüber einem anderen Menschen (geschlechtliche Liebe (Libido)). Dieses Begehren ist eng mit Sexualität verbunden, die jedoch nicht unbedingt auch ausgelebt zu werden braucht (vgl. platonische Liebe)."*

„Die Liebe ist eine Himmelsmacht" - das hört sich doch viel romantischer an. Der Satz stammt aus der Operette „Der Zigeunerbaron" von Johann Strauß. Aber ist die Liedzeile noch aktuell? Immerhin wurde die Operette bereits 1885 erstmals aufgeführt. Und seitdem hat sich doch einiges in unserer Gesellschaft verändert.

Der Begriff der Liebe ist uralt und findet sich schon in ägyptischen Hieroglyphen wieder. Die Römer und Griechen der Antike hatten sogar eigene

Götter für die Liebe. Rund um die Ägäis war die Göttin Aphrodite mit ihrem Sohn Eros, im römischen Weltreich ihre Kollegin Venus mit ebenfalls ihrem Sohn, der auf den Namen Amor hörte, für Liebesdinge zuständig. In der Mythologie beider Kulturen nehmen die amourösen Abenteuer der Götter und Halbgötter einen großen Raum ein.

Im frühen Mittelalter stilisierten die Minnesänger die Liebe zu einem romantischen Ideal, während die christlichen Kirchen sie - sogar in der Ehe - zu verteufeln versuchte. Nach Auffassung der Theologen sollte der Beischlaf lediglich der Fortpflanzung dienen - Liebe und Lust waren verpönt. Die Liebe sollte einzig und allein auf Gott gerichtet sein.

Erst in der Neuzeit, etwa ab 1790, änderte sich etwas Gravierendes. Nicht unbedingt in der katholischen Kirche, aber in der Bevölkerung. Die Epoche der Romantik, mit dem Grundthemen Gefühl, Leidenschaft und Individualität beeinflusste die Menschen nachhaltig. Ehe und Liebe gehörten damals wieder unzertrennbar zusammen. Die Vorstellung einer fortwährenden Liebe bis zum Lebensende, galt als anzustrebendes Ideal.

Natürlich kennen wir auch heute noch das Gefühl, wie vom Blitz getroffen zu sein, wenn wir uns verlieben. Wir spüren Herzrasen, Magengrummeln und benehmen uns außergewöhnlich, wenn wir der Angebeteten oder dem entsprechenden männlichen Gegenpart zum ersten Mal gegenüberstehen. Aber was ist die Liebe in der heutigen schnelllebigen Zeit noch wert? Das muss sich jeder Liebende selbst hinterfragen. Der Mensch im 21. Jahrhundert hat jedenfalls einen bedeutend größeren Wirkungskreis als unsere Vorfahren noch vor 100 Jahren. Moderne Kommunikationsmittel, wie zum Beispiel das Internet machen es heute leichter eine neue Liebe und damit auch einen neuen Partner zu finden. Hinzu kommt, dass sich auch die Moralvorstellungen im Laufe der Zeit gewandelt haben.

Die amerikanische Anthropologie Professorin Helen Fisher (Rutgers University in New Brunswick) unterscheidet in ihren Büchern zwischen drei

Gefühlssystemen, die unsere Liebe beeinflussen:
- Lust
- Anziehung
- Verbundenheit

Während die Lust spontan, schon auf den ersten Eindruck entstehen kann, entwickelt sich die Anziehung meist eher mittelfristig, wenn man sich besser kennengelernt hat. Um die Verbundenheit, die Phase, in der sich die Liebe festigt, zu erreichen, braucht der Mensch im Allgemeinen noch länger. Voraussetzung dafür sind eine gewisse soziale Sicherheit und gemeinsam gemachte Erfahrungen.

Aber auch die Bio-Chemiker haben die Liebe inzwischen mehr oder weniger perfekt analysiert. Die Wissenschaftler haben herausgefunden, was in uns vorgeht, wenn wir uns verlieben. In unseren Gehirnen kommt es dabei zu gewaltigen Reaktionen. Schon beim ersten Kennenlernen reagiert der Körper. Unbewusst senden wir Duftstoffe aus, die sogenannten Pheromone, die von unserem Gegenüber - ebenfalls unbewusst - wiederum analysiert werden und je nach Geschlecht und sexueller Orientierung unterschiedlich wirken. Die  jeweilige Abstimmung dieser Signalstoffe entscheidet dann über Sympathie und Antipathie. Bei genetisch all zu ähnlichen Duftstoffen, schlägt unser Gehirn Alarm - man kann sich sprichwörtlich „nicht riechen". In diesem Fall sträubt sich etwas in uns Sympathie oder gar Liebe zuzulassen.

Passen die Pheromone aber zueinander, dann ist die Grundvoraussetzung geschaffen, dass sich eine Liebe entwickeln kann. Ist dies der Fall, kommen vermehrt die körpereigenen Hormone zum Tragen. Bleiben wir bei der o.g. Einteilung von Prof. Fisher, so sind für die „Lust" (Sexualtrieb) in erster Linie die Hormone Testosteron und Östrogen verantwortlich. Diese kommen sowohl beim Mann, als auch bei der Frau vor, jedoch in unterschiedlicher Konzentration und Wirkungsweise.

In der Phase der „Anziehung", der leidenschaftlichen Liebe, kommen die Neurotransmitter Dopamin und Serotonin ins Spiel. Dabei ist der erhöhte Dopaminspiegel für die einzigartige Euphorie verantwortlich, die bei Verliebten im Allgemeinen aufkommt. Die Konzentration von Dopamin verdrängt im Gehirn die normalen Hungergefühle und das Bedürfnis nach Schlaf. Ähnliche Auswirkungen auf den Dopaminspiegel haben auch verschiedene Drogen, wie z.B. Kokain.

Erst in der stabilen Phase der „Verbundenheit" wirkt verstärkt das sogenannte „Kuschelhormon" Oxytocin im Gehirn der Liebenden. Wissenschaftler bringen dieses Hormon mit den Gefühlen Liebe, Vertrauen und Treue in Verbindung. Anhand von Studien konnte nachgewiesen werden, dass Menschen mit einem erhöhten Oxytocinspiegel ihren Partnern eher vertrauen.

Um diesen Status zu erlangen bedarf es jedoch eines enormen Aufwands. Eine stabile, feste Liebe bekommt man nicht geschenkt. Man muss täglich an ihr und an sich arbeiten. Und zwar beide Partner, zu gleichen Teilen. Das können Kleinigkeiten sein, Aufmerksamkeiten aller Art, ein überraschender Kuss, Berührungen, einfach nur zuhören oder auch nur ein freundliches Wort, abseits der Routine. Zeit investieren in die Liebe und in den Partner. Liebe darf nicht statisch werden, Liebe muss in Bewegung bleiben.

Langfristig kann die Liebe nur funktionieren, wenn die emotionelle „Tauschbeziehung" zwischen den beiden Partnern funktioniert. Gibst Du mir, so gebe

ich Dir. Achtest Du mich, so achte ich Dich. Liebst Du mich, so liebe ich Dich auch usw. Geben und Nehmen ist in einer Liebesbeziehung keine Frage von Verpflichtung, sondern ein freiwilliges Schenken von guten Gefühlen. Wenn beide Partner sich an dieses Prinzip halten, ehrlich miteinander umgehen und treu sind, steht einer erfüllten Liebe nichts im Wege. Bricht aber einer der beiden dauerhaft aus dieser „Tauschbeziehung" aus, betrügt oder lügt, dann ist die Liebe und letztendlich auch die Beziehung zum Scheitern verurteilt.

Liebe ist ein irres, ein angenehmes, ein alles überragendes Gefühl. Liebe heißt geben – freiwillig. Ohne Zwang, ohne Gegenforderung, ohne Hintergedanken. Liebe erfordert nicht unbedingt eine Erwiderung, aber natürlich ist die Vollendung der Liebe die Zweisamkeit. Das gemeinsame Fühlen, das gemeinsame Erleben, das gemeinsame Lieben und Leben. Und das nicht nur im positiven Sinne. Sicherlich ist es schön Erfolg und Glück mit dem/der Geliebten zu teilen, aber auch Probleme und Leid miteinander zu tragen - das macht die perfekte Liebe aus.

Einen Sonnenuntergang – wo auch immer - zusammen erleben. Ein Ziel gemeinsam erreichen. Oder einfach nur miteinander einzuschlafen. Miteinander lachen oder auch streiten und sich danach wieder zu versöhnen – kann es etwas Schöneres geben. Ist es nicht ein starkes Gefühl, einem anderen Menschen vertrauen zu können und ist es nicht genauso toll, einen Menschen zu haben, der einem bedingungslos vertraut? Einen Partner mit dem man über alles reden kann. Der ehrlich ist und der Ehrlichkeit erwartet. Einen Menschen auf den man sich freut, ihn zu sehen oder auch nur seine Stimme zu hören. Wenn man sich gegenseitig ergänzt. Wenn man zwar unterschiedliche Interessen hat, sich aber doch für die Tätigkeiten des Partners interessiert. Wenn man sich gegenseitig akzeptiert, ohne den Anderen verändern zu wollen oder sich selbst ändern zu müssen.

Fazit: Die Liebe ist anfänglich eine Augenblicks-Situation, ein Verliebtsein. Erst mit dem Zustand der „Verbundenheit" kann sich eine stabile und dauerhafte Liebe festigen.

Aber bei aller Euphorie - Menschen ändern sich auch im Laufe ihres Lebens. Nicht nur äußerlich, auch in Bezug auf ihren Charakter. Und was einem heute gefällt und äußerst anziehend wirkt, kann schon morgen Missfallen auslösen und abstoßend wirken. Damit müssen wir immer rechnen. Damit müssen wir leben. Alle.

Zitate zum Thema Liebe

Der deutsche Psychologe **Prof. Friedemann Schulz von Thun** (*1944) hat den herrlichen Satz geprägt: „*Die Liebe ist eine Frucht der Gemeinsamkeit und des Unterschiedes!*"

Mahatma Gandhi (*1869 - †1948): „*Liebe ist die stärkste Macht der Welt, und doch ist sie die demütigste, die man sich vorstellen kann.*"

Schön ist auch das Zitat von **Antoine de Saint-Exupéry** (*1900 - †1944): „*Die Erfahrung lehrt uns, dass Liebe nicht darin besteht, dass man einander ansieht, sondern dass man gemeinsam in gleicher Richtung blickt.*"

Konfuzius (*551 v.Chr. - †479 v.Chr.) soll gesagt haben: „*Was du liebst, lass frei. Kommt es zurück, gehört es dir - für immer.*"

Die Schauspielerin **Katharine Hepburn** (*1907 - †2003) sagte einmal: „*Liebe ist nicht das was man erwartet zu bekommen, sondern das was man bereit ist zu geben.*"

Richard Burton (*1925 - †1984): „*Wenn man liebt, sucht man die Schuld bei sich, nicht beim anderen.*"

Rainer Maria Rilke (*1875 - †1926) brachte es auf den Punkt: „*Darin besteht die Liebe: Dass sich zwei Einsame beschützen und berühren und miteinander reden.*"

Der Satz von **Honore de Balzac** (*1799 - †1850) hat auch heute noch Beständigkeit: „*Ohne Glauben an ihre Dauer wäre die Liebe nichts, nur Beständigkeit macht sie groß.*"

Liebeskummer

Wird eine Liebe nicht oder nicht mehr erwidert, stellt sich der Zustand des Liebeskummers ein - der Betroffene leidet. Die Heftigkeit steht dabei meist in einer direkten Beziehung zur Intensität der vorherigen emotionalen Bindung.

Und wieder spielen die Hormone im Körper der Betroffenen verrückt und die Reaktionen sind unberechenbar. Der Trennungsstress beeinflusst das hormonelle und auch das seelische Gleichgewicht nachhaltig.

Die Auswirkungen können vielfältig sein:
- Störungen im Sozialverhalten (z.B. Aggressivität)
- Zukunftsängste
- Antriebslosigkeit
- Depressionen
- Probleme im Alltag (fehlende Konzentrationsfähigkeit)
- Psychosomatische Beschwerden

Bei akutem Liebeskummer schwindet vorübergehend die allgemeine Lebenslust. Plante man vorher, eventuell zusammen mit seinem Partner, voller Vorfreude für die Zukunft (z.B. eine Reise oder eine Anschaffung) so macht sich nun Desinteresse und Pessimismus breit. Gute Freunde können mit guten Gesprächen helfen, diese Frustphase zu überwinden.

Im schlimmen Fällen kann es zu einer Flucht in den Alkohol, zu Drogenmissbrauch oder auch zu Suizidgedanken kommen. Dann sollte unbedingt externe Hilfe in Form von erfahrenen Psychologen oder Psychiatern in Anspruch genommen werden. Im Normalfall gesundet der Liebeskranke aber von selbst - es dauert halt seine Zeit. Je nach Stärke der Erkrankung kann die Genesung vom Liebeskummer bis zu 6 Monaten und länger andauern.

Wie mit dem Liebeskummer umgehen?

- Sich die Zeit geben, die man braucht, um mit sich selbst ins Reine zu kommen.

- Seine Gefühle artikulieren (z.B. aufschreiben/Tagebuch führen, mit Freunden darüber reden, malen, musizieren usw.).

- Akzeptieren, dass es „Aus" ist, aber Selbstzweifel vermeiden.

- Gesunde Lebensweise - viel Schlaf, ausgewogene Ernährung, viel Bewegung in frischer Luft usw.

- Auch wenn es schwer fällt, den Kontakt mit der/dem Ex und Erinnerungsstücken meiden und damit den Trennungsschmerz nicht unnötig in die Länge ziehen.

- Den möglichen Frust in Kraft umsetzen. Sport treiben (Laufen, boxen, Radfahren usw.), Wohnung renovieren oder ähnliches. So werden beim Sport Hormone ausgeschüttet, welche die Stimmung heben können.

- Sich ablenken um auf andere Gedanken kommen, z.B. eine Reise buchen, ein gutes Buch lesen, alte Freundschaften aufleben lassen.

- Keine Rachegefühle aufkommen lassen. Den Ex-Partner weder stalken oder erpressen, noch um Zuneigung anbetteln.

- Auch Alkohol und Drogen sind keine Lösung!

- Das Einfachste wäre es, sich neu zu verlieben!

Partnerschaften - Jede ist einzigartig

Verfestigt sich die Liebe, strebt der Mensch im Allgemeinen auch eine feste Partnerschaft an. Unter diesem Begriff umschreibt die Wissenschaft die gleichzeitig soziale und sexuelle Gemeinschaft zweier Menschen.

Jahrhundertelang, und heute noch in der katholischen Kirche, war die Ehe die einzige anerkannte Lebensgemeinschaft zweier Menschen. In den letzten Jahren hat sich das grundlegend geändert. Aktuell wird zwischen

- Ehe (gemischtgeschlechtlich)
- eingetragener Lebenspartnerschaft (gleichgeschlechtlich)
- eheähnlichen Gemeinschaft (gemischt- oder gleichgeschlechtlich)
- Liebesbeziehung (gemischt- oder gleichgeschlechtlich)

unterschieden.

Bis heute bleibt die zivilrechtliche Ehe in Deutschland gleichgeschlechtlichen Paaren verwehrt. Mit dem Lebenspartnerschaftsgesetz von 2001 aber hat der Gesetzgeber den Status der eingetragenen Lebenspartnerschaft aufgewertet und teilweise an das bestehende Eherecht angepasst. Von den 34.000 in Deutschland eingetragenen Lebenspartnerschaften wurden rund 60% von Männern geschlossen (Stand Mai 2011).

Jede Partnerschaft wird von Rechten und Pflichten für beide Partner getragen. Diese sind teilweise auch zivilrechtlich festgelegt. Die Paare können sich aber auch eigene Regeln auferlegen, vertraglich fixieren und danach leben. Die staatlichen Gesetze geben lediglich die Voraussetzung für die Partnerschaft vor, die Ausgestaltung jedoch obliegt ausschließlich den jeweiligen Partnern.

Die Ehe - Ein auslaufendes Modell?

„Bis das der Tod uns scheidet." Den Satz, meist bei kirchlichen Trauungen ausgesprochen, muss man sich regelrecht auf der Zunge zergehen lassen. Immerhin wurden nach Angaben des Statistischen Bundesamtes im Jahre 2012 insgesamt 387.432 Ehen geschlossen. Eine stolze Zahl. Aber im gleichen Zeitraum wurden in Deutschland auch 179.147 Ehen geschieden. Ebenfalls ein beeindruckender Wert.

In der römisch-katholischen Kirche gilt die Ehe als Sakrament. Demnach kann eine gültig geschlossene Ehe grundsätzlich nicht mehr geschieden werden: „Was Gott zusammengefügt hat, soll der Mensch nicht scheiden." (Markus 10, 9). Man mag über die Einstellung der Kirche zur Ehe schmunzeln, aber auch der deutsche Staat geht noch heute davon aus, dass eine Ehe erst einmal lebenslänglich gilt. In §1353 des BGB heißt es dazu wortwörtlich: „Die Ehe wird auf Lebenszeit geschlossen. Die Ehegatten sind einander zur ehelichen Lebensgemeinschaft verpflichtet; sie tragen füreinander Verantwortung." Aber unsere cleveren Gesetzgeber haben ein Hintertürchen aufgelassen. Nur wenige Paragraphen weiter im BGB, genaugenommen im §1565, hat man festgelegt: „Eine Ehe kann geschieden werden, wenn sie gescheitert ist. Die Ehe ist gescheitert, wenn die Lebensgemeinschaft der Ehegatten nicht mehr besteht und nicht erwartet werden kann, dass die Ehegatten sie wiederherstellen."

Die Zahl der Eheschließungen sinkt in Deutschland seit über einem halben Jahrhundert von Jahr zu Jahr. Gaben sich im Jahr 1950 noch 750.452 Paare das „Ja-Wort", so ging die Zahl bereits 1970 auf 575.233 zurück. 1990 waren es nur noch 516.388 Brautpaare, die sich auf die Standesämter trauten und die noch niedrigere Zahl von 2012 ist weiter oben schon genannt. Zwischen 1950 und 2012 gingen die Trauungen annähernd auf die Hälfte zurück. Aber woran liegt es? Was sind die Gründe dafür?

Anders als noch vor wenigen Jahren, sieht sich die moderne Frau von heute vielfach nicht mehr nur als Ehefrau und Mutter, sondern hat einen Beruf, der sie voll und ganz ausfüllt. Ist da noch Platz für Kinder und Familie? Darüber hinaus ist sie als Selbstverdiener nicht mehr auf einen Mann angewiesen, der sie versorgt. Ist das bisherige Familienmodell (Vater, Mutter, Kind...) damit nicht mehr aktuell? Von den knapp 8 Millionen deutschen Haushalten mit minderjährigen Kindern wurden 2012 immerhin schon 1,6 Millionen (19,9%) von Alleinerziehenden geführt. In rund 755.000 Haushalten (9,4%) teilten sich nichteheliche Lebensgemeinschaften die Aufgaben. Als Beweis für den Wandel mag der auch Geburtenrückgang von 1950 (noch 1.116.701 Geburten) bis 2012 (nur noch 673.544 Neugeborene) herhalten. Dabei wächst aber die Anzahl der nicht ehelich geborenen Kinder. Waren es 1950 noch 117.934 Babies (10,5%), die ohne verheiratete Eltern das Licht der Welt erblickten, so stieg die Zahl derer in 2012 auf 232,383 (34,5%) an.

Die Ehe bietet auch heute noch handfeste finanzielle Vorteile. Der Gesetzgeber sieht in der traditionellen ehelichen Partnerschaft noch immer das Nonplusultra und fördert sie entsprechend. Ehegattensplitting und die Wahl einer günstigeren Steuerklasse können unter Umständen die Einkommensteuer erheblich senken. Nur Paare mit Trauschein haben im Scheidungsfall einen gegenseitigen Unterhaltsanspruch und profitieren eventuell im Rahmen des Versorgungsausgleichs von den Rentenansprüchen des Partners. Hat einer der Ehepartner kein oder nur ein geringes Einkommen, so ist er in der gesetzlichen Krankenversicherung des verdienenden Partners mitversichert. Und im Erbfall wird der Ehepartner, auch ohne Testament, automatisch bevorzugt behandelt. Außerdem steht ihm ein Freibetrag von 500.000,- Euro bei der Erbschaftssteuer zu (Nicht-Verheiratete lediglich 20.000,- Euro).

Trotz aller monetären Vorteile, sollte man eine Ehe nur dann eingehen, wenn auch die emotionalen und romantischen Grundlagen vorhanden sind und wenn man sich dessen bewusst und sicher ist.

Zitate zum Thema Ehe

Heinz Rühmann (*1902 - †1994): *„Man ist glücklich verheiratet, wenn man lieber heimkommt als fortgeht."*

Michèle Morgan (*1920): *„Frauen, die rechtzeitig erkennen, dass man einen Mann nicht erziehen kann, ersparen sich den halben Kummer ihres Ehelebens."*

Ein Zitat von **Honoré de Balzac** (*1799 - †1850): *„In der Ehe muss man einen unaufhörlichen Kampf gegen ein Ungeheuer führen, das alles verschlingt: die Gewohnheit."*

Claudia Cardinale (*1938): *„Die Ehe funktioniert am besten, wenn beide Partner ein bisschen unverheiratet bleiben."*

Marie von Ebner-Eschenbach (*1830 - †1916): *„Ob zwei Menschen gut getan haben, einander zu heiraten, kann man bei ihrer silbernen Hochzeit noch nicht wissen."*

Dustin Hoffmann (*1937): *„Für die Ehe braucht man ein Alpha und ein Beta, nicht zwei Alpha."*

Grethe Weiser (*1903 - †1970): *„Ein Ehemann ist ein Rohstoff, kein Fertigprodukt."*

Alfred Hitchcock (*1899 - †1980): *„Richtig verheiratet ist der Mann erst dann, wenn er jedes Wort versteht, das seine Frau nicht gesagt hat."*

Elizabeth Taylor (*1932 - †2011): *„Ich bin zufrieden, wenn meine nächste Ehe die Haltbarkeit von Joghurt überdauert."* (Sie war achtmal verheiratet, davon zweimal mit Schauspielerkollege Richard Burton.)

Kinder - Bereicherung oder Belastung?
Es kommt darauf an, wie man mit ihnen umgeht

Nachwuchs kann eine Bereicherung für jede Beziehung sein. Aber er kann auch zum Problemfall mutieren - egal ob bei verheirateten oder unverheirateten Paaren oder in einer Patchworkfamilie. Oft leidet die bis dahin einwandfreie Paarbeziehung dann nachhaltig unter den möglichen Problemkindern.

Schon die Geburt des ersten Kindes kann den jungen Vater in eine Krise stürzen. War er als Mann bisher die wichtigste Bezugsperson seiner Partnerin, macht ihm nun das kleine Würmchen diese Position streitig. Von einem Tag auf den anderen steht das Baby im Mittelpunkt des Interesses der jungen Mutter - der Erzeuger nur noch an zweiter Stelle. Dies kann Eifersucht und  auch Ängste bei fast jedem jungen Vater auslösen. Wenn die Mutter aber auf diese Situation eingeht und ihn auch mit einbezieht, dann gewöhnen sich die meisten jungen Väter recht schnell daran und stellen schon bald fest, dass es einen gewaltigen Unterschied zwischen der Mutterliebe und der Liebe zum Partner gibt.

Bis zu 80% der jungen Mütter verfallen unmittelbar nach der Geburt in ein postpartales Stimmungstief, den sogenannten Baby-Blues, aus dem sich in extremen Fällen eine langwierige Wochenbettdepression entwickeln kann. Auch hier ist die Zuneigung und das Verständnis des Partners gefragt.

Entwickelt sich der Nachwuchs dann zum „Schreikind", sind die Nächte über Wochen und Monate nur noch selten erholsam. An durchgehenden Schlaf oder erfüllenden Sex ist kaum noch zu denken. Das Kind steht rund um die Uhr im Mittelpunkt und macht lautstark auf sich aufmerksam. Schon hier ist es vorteilhaft, wenn die Eltern abwechselnd die Betreuung übernehmen und wechselseitig ein wenig erholsamen Schlaf bekommen.

Ist diese Phase glücklich überstanden, folgt womöglich Stress im Kindergarten und später in der Schule. Dann die Pubertät und der erste Liebeskummer. Aber wie auch immer - in einer guten Beziehung liegt die Verantwortung für das Kind oder die Kinder nicht nur auf einer Schulter. Faire Partner unterstützen sich gegenseitig bei der Kindererziehung und teilen sich die Arbeit, genauso wie die Freude an den Kindern. Laut einer Studie der Universität von Amsterdam sind Eltern, die sich viel mit ihren Kindern beschäftigen, glücklicher als andere und ziehen auch bedeutend mehr Befriedigung aus ihrer Elternschaft. So soll es sein...

Natürlich sind die weiter oben genannten Probleme nicht die einzigen Gründe, warum die Geburtenzahlen in Deutschland rückläufig sind. Da ist auch noch der finanzielle Aspekt - Kinder kosten Geld! Das statistische Bundesamt hat ausgerechnet, dass die Ausgaben der Eltern für ein Kind durchschnittlich 550,- Euro je Monat betragen - eventuelle spätere Gebühren für das Studium noch nicht eingeschlossen. Und auch wenn Vater Staat in den letzten Jahren viele Milliarden Euro in Form von Eltern- und Kindergeld in die Familien gepumpt hat, so bleibt der Nachwuchs doch ein teures Hobby. Auch der flächendeckende Bau von Kitas und Ganztagsschulen macht die Entscheidung für Kind oder Karriere nicht unbedingt leichter.

Diesbezüglich sollten sich die Beziehungspartner schon vor der Geburt, am besten auch noch vor der Familienplanung, absprechen und beraten. Wie das Zusammenleben der zukünftige Familie im Idealfall aussehen soll? Und auch über einen Plan „B" kann man unter Umständen schon einmal nachdenken. Wie wird der zukünftige Vater in die innige Mutter/Kind-Beziehung integriert werden können? Was sind seine künftigen Aufgaben innerhalb der Familie? Wer von den beiden Partnern nimmt die Elternzeit in Anspruch? Wird ein Elternteil nicht mehr oder nur noch in Teilzeit arbeiten gehen, um sich fortan um den Nachwuchs zu kümmern? Regelt man derartige Fragen schon frühzeitig, kann man sich bestens darauf vorbereiten und vermeidet eventuelle spätere Streitigkeiten und ärgerliche Auseinandersetzungen.

Seitensprung - Gelegenheit macht Liebe

Gibt man bei Google den Begriff Seitensprung ein, so findet die beliebte Suchmaschine über 1 Million Seiten. Zahllose Seitensprung-Agenturen bieten ihre Dienste an, Seitensprung-Ratgeber können gekauft oder heruntergeladen werden. Woher kommt dieser regelrechte Boom? Seit einigen Jahren ist der Ehebruch in Deutschland nicht mehr strafbar. Dass dann auch noch die Schuldfrage bei Scheidungen wegfiel und ein einfacher Seitensprung diesbezüglich keine Konsequenzen mehr hatte, machte es für viele Menschen einfacher ihren Partner zu betrügen.

Eine Affäre, wenn sie dann herauskommt, kann aber leicht das Ende einer jeden noch so stabilen Beziehung bedeuten. Bevor man sich in einer Partnerschaft auf einen Seitensprung einlässt, sollte man in sich gehen und sich fragen: Ist es mir das überhaupt wert? Nach einer Studie des Dipl.-Psychologen Dr. Ragnar Beer (Universität Göttingen) gaben 76% der untreuen Männer und 84% der Frauen sexuelle Unzufriedenheit in der Beziehung als Grund für einen Ehebruch an. Stimmen diese Aussagen und sind nicht nur Schutzbehauptungen der Befragten, so liegt das Problem meist nicht nur bei einem der Partner, sondern in der Paarbeziehung selbst. Denn Seitensprünge sind fast immer ein sicheres Indiz dafür, dass etwas in der Partnerschaft nicht stimmt. Und daran können beide Partner gemeinsam arbeiten, indem sie sich z.B. über ihre sexuellen Wünsche offen und ehrlich aussprechen.

Wie sollte man auf einen Seitensprung reagieren?
- **Als Betrogener.** Auf jeden Fall erst einmal abwarten, bis sich die erste Wut gelegt hat. Nicht überstürzt handeln. Reden Sie dann mit Ihrem Partner ruhig und sachlich, aber machen Sie ihm keine Vorwürfe. Fragen Sie nach dem Warum. Ob er sich vorstellen kann, wie sehr er Ihnen wehgetan hat und wie es jetzt weitergehen soll. Beobachten Sie ihn dabei, wie er reagiert und überlegen sie ob sie ihm noch vertrauen, ob Sie ihm verzeihen können und ob sie weiter mit ihm zusammenleben wollen.

- **Als Betrüger.** Soll man einen Seitensprung beichten? Darauf gibt es keine allgemein gültige Antwort. Es kommt auf den Einzelfall an. Wie stabil ist die Partnerschaft? Was liegt einem noch an der Beziehung? War es ein einmaliger Ausrutscher? War Alkohol im Spiel? Eine Beichte sollte nicht nur dazu dienen, die eigenen Schuldgefühle zu bereinigen. Wenn Sie beichten, kann dass das Ende Ihrer Beziehung bedeuten oder der Grundstein für einen Neuanfang sein. Haben Sie sich zur Beichte entschlossen, dann hinterfragen Sie sich vorher selbst: Wie würde ich auf einen Seitensprung meines Partners reagieren? Wie würde ich mich fühlen? Seien Sie auf jeden Fall ehrlich zu Ihrem Partner. Beschönigen Sie nichts und beantworten Sie alle seine Fragen. Sprechen Sie es aus, wenn es Ihnen Leid tut und wenn sie ein schlechtes Gewissen haben. Vielleicht versteht Ihr Partner Sie, Ihre Beweggründe und kann Ihnen verzeihen.
- **Als Paar.** Die Grundfrage ist, ob beide ihre Beziehung trotz der außerpartnerschaftlichen Affäre fortsetzen wollen/können. Immerhin ist ein Seitensprung keine neue Liebe, sondern laut Definition „lediglich" ein kurzfristiger Ausbruch aus der bestehenden Beziehung. Nur wenn beide Partner ernsthaft bereit sind, sich mit der Situation offen und ehrlich auseinanderzusetzen, hat die gemeinsame Beziehung noch eine Chance. Auch wenn es vielleicht weh tut, so sollte der Grund für den Seitensprung auf jeden Fall erörtert werden. Dann können beide Partner daran arbeiten, um eine eventuelle Wiederholung auszuschließen.

Ein Seitensprung ist für den betrogenen Partner eine enorme psychische Belastung - bei hintergangenen Frauen meist stärker ausgeprägt, als bei Männern. Auch dies sollte der betrügende Partner berücksichtigen und nicht einfach zum Beziehungsalltag zurückkehren wollen. Das, nach einem Seitensprung verlorene Vertrauen lässt sich, wenn überhaupt, nicht so leicht und keinesfalls von heute auf morgen wieder aufbauen. Doch wenn der Betrogene dem Betrüger eine zweite Chance gibt, sollte dieser auch alles tun, um sie nachhaltig zu nutzen.

Muss nicht sein - Die Eifersucht

Vorab der Versuch einer Definition. Das Wort hat rein gar nichts mit einer Abhängigkeit = Sucht zu tun. Vielmehr leitet es sich von den beiden althochdeutschen Wörtern „eiver" (das Bittere) und „suht" (Seuche, Krankheit) ab. Tatsächlich kann die Emotion Eifersucht im Extremfall krankhafte Züge annehmen.

Psychologen führen das Problem der Eifersucht auf ein mangelndes Selbstbewusstsein des Eifersüchtigen zurück. Hinzu kommen unter Umständen schlechte Erfahrungen aus der Vergangenheit, die bis in die Kindheit zurückreichen können. Egal, ob begründete oder unbegründete Eifersucht, die Betroffenen haben vielfach lediglich Angst, ihre Partner zu verlieren. Sie sind total verunsichert. Neben diesen Verlustängsten verspüren sie Wut, Anspannung und Verzweiflung. Keine gute Grundlage für eine langfristig angelegte Beziehung.

Natürlich sollte der Eifersüchtige versuchen, seine negativen Gefühle in den Griff zu bekommen und zwar möglichst schon, bevor die Partnerschaft gravierend darunter leidet. Der Partner, der das Ziel der Eifersucht ist, kann ihm dabei helfen und unterstützen, indem er das Selbstbewusstsein des Eifersüchtigen aufbaut, ihm immer weiterhin seine Wertschätzung zeigt und ihm auch nicht den geringsten Grund gibt, eifersüchtig zu sein. Eine weitere gute Hilfe sind intensive Gespräche und natürlich auch entsprechende Taten.

Schon der französische Schriftsteller Honoré de Balzac soll Anfang des 18. Jahrhunderts gesagt haben: „Eifersucht ist wie Salz. Ein bisschen davon würzt den Braten, aber zu viel macht ihn ungenießbar." Dieses Statement hat sicherlich auch heute noch Bestand und jedes Paar muss für sich selbst entscheiden, wie viel Eifersucht die eigene Beziehung anregt ohne sie ungenießbar zu machen.

Zitate zum Thema Eifersucht

Sigmund Freud (*1856 - †1939): *„Die Eifersucht gehört zu den Affektzuständen, die man ähnlich wie die Trauer als normal bezeichnen darf. Wo sie im Charakter und im Benehmen eines Menschen zu fehlen scheint, ist der Schluss gerechtfertigt, dass sie einer starken Verdrängung erlegen ist und darum im unbewussten Seelenleben eine umso größere Rolle spielt... Über die normale Eifersucht ist analytisch wenig zu sagen."*

Wilhelm Busch (*1832 - †1908): *„Eifersucht ist Liebesneid."*

Max Fritsch (*1911 - †1991): *„Eifersucht ist die Angst vor dem Vergleich."*

William Shakespeare (*1564 - †1616): *„Bewahrt Euch, Herr, vor Eifersucht, dem grüngeaugten Scheusal, das besudelt die Speise, die es nährt."*

Miguel de Cervantes (*1547 - †1616): *„Die Eifersucht lässt dem Verstand niemals genügend Freiheit, um die Dinge zu sehen, wie sie sind."*

Johann Christoph Friedrich Haug (*1761 - †1829): *„Wahr liebt, wen Eifersucht entflammt, doch besser liebt, wer sie verdammt."*

Manfred Poisel (*1944): *„Die Eifersucht ist immer so stark wie das eigene schwache Selbstwertgefühl."*

Gottfried Keller (*1819 - †1890): *„Die begründete wie die unbegründete Eifersucht vernichtet diejenige Würde, denen die gute Liebe bedarf."*

Gewalt in der Ehe - Da hört der Spaß auf!

Egal ob Mann gegen Frau, Frau gegen Mann oder sogar Gewalt gegen Kinder - häusliche Gewalt ist kein Kavaliersdelikt und darf nicht verharmlost werden. Schon bei den ersten Anzeichen sollten die Betroffenen externe Hilfe in Anspruch nehmen und sich bei pro familia, dem Weissen Ring oder bei der Polizei - notfalls auch anonym - beraten lassen.

Nach Auskunft des Bundesministeriums für Familie, Senioren, Frauen und Jugend haben rund 25% der Frauen im Alter von 16 bis 85 Jahren schon Gewalt in der Beziehung erlebt. Diese erschreckende Zahl ist das Ergebnis einer repräsentativen Studie aus dem Jahr 2004. Weiterhin wird berichtet, dass häusliche Gewalt quer durch alle gesellschaftlichen Schichten und ethnischen Gruppen vorkommt. Speziell für Frauen, die sich von ihrem Partner trennen wollen, besteht ein besonders hohes Risiko. Gewalt in der Ehe kommt in Form von Schlägen aller Art, Vergewaltigungen, Demütigungen und Beschimpfungen vor.

Der Ablauf der Gewaltspirale ist in fast allen Fällen identisch und gliedert sich in drei grundsätzliche Phasen:
- Spannung baut sich auf
- Die Aggressionen entladen sich in Gewalt
- Ruhephase (Der Täter entschuldigt sich, verspricht u.U. es nie wieder zu tun.)

Doch meist hält die trügerische Ruhe nicht lange an. Die Gewaltspirale gerät erneut in Bewegung, in immer kürzeren Abständen. Sie sollte so früh wie möglich unterbrochen werden. Mütter sollten dabei auch an ihre Kinder denken. Kinder sind feinfühlig und wenn sie die Gewalt spüren oder sehen, werden sie leicht in eine Beschützerrolle gedrängt, mit der sie aber überlastet sind. Sie leiden still und bekommen Schwierigkeiten in ihrem Umfeld. Außerdem kommt es immer wieder vor, dass sich die Gewalt, die anfangs ausschließlich auf den Partner gerichtet war, später zusätzlich auf die Kinder ausweitet.

Häusliche Gewalt in jeder Form ist strafbar. Dafür muss sie aber angezeigt werden. Viele Opfer fürchten sich vor diesem Schritt. Im akuten Notfall ist die Polizei (Tel. 110) der direkte Ansprechpartner. Zum Schutz des Opfers kann die Polizei den Täter sofort bis zu zwei Wochen der Wohnung und der unmittelbaren Umgebung verweisen, die Hausschlüssel abnehmen, den Täter gegebenenfalls auch in Gewahrsam nehmen sowie Gegenstände sicherstellen.

Viele Frauen haben Probleme damit, sich männlichen Polizeibeamten anzuvertrauen. Für sie hat das Bundesministerium für Familie, Senioren, Frauen und Jugend eine Hotline eingerichtet. Unter Telefon 08000 116016 können sich Betroffene, Angehörige oder Freunde rund um die Uhr kostenlos und anonym beraten lassen. Weitere Infos unter *www.hilfetelefon.de*

Auch die verschiedenen Beratungsstellen in allen größeren Städten mit ihren kompetenten Mitarbeitern können Wege aus der unverschuldeten häuslichen Misere aufzeichnen. Überregional sind dies pro familia und der Weisse Ring (Anschriften ab Seite 82). Regionale Anlaufstellen findet man im örtlichen Telefonbuch oder im Internet.

Doch nicht nur Männer sind die Täter. Nach einer Kriminalstatistik der Berliner Polizei von 2010, in der die Delikte zur häuslichen Gewalt gesondert aufgeführt wurden, lag die Frauenquote bei den Tatverdächtigen bei immerhin 23,8%. Auch eine Art der Emanzipation.

Nach dem Ausüben der häuslichen Gewalt sind die Täter oft reumütig. Doch mit einer lapidaren Entschuldigung, wenn man wieder klar denken kann, ist es nicht getan. Häusliche Gewalt ist auch für den Täter ein teuflischer Kreislauf, aus dem er sich alleine kaum befreien kann. Auch er braucht externe Hilfe. Spezielle Beratungsstellen bieten Therapien, soziale Trainings und aufklärende Gespräche an. Ausführliche Infos z.B. unter *www.bag-taeter-arbeit.de*

Fernbeziehung - Eine außergewöhnliche Belastung

Eine Beziehung auf Distanz, sofern sie dann auf einen absehbaren Zeitraum ausgelegt ist, muss nicht zwangsläufig das Ende der Partnerschaft bedeuten. Ganz im Gegenteil, die räumliche Trennung kaum auch eine Bereicherung sein - wenn beide Partner es so sehen und gewillt sind, an sich und der Beziehung zu arbeiten.

Fernbeziehungen sind keine aktuelle „Erfindung" - man denke nur an die Soldaten, die nur am Wochenende ihre Kasernen verlassen dürfen und während des Heimaturlaubs Frau oder Freundin besuchen können. Oder Studenten, die vielleicht sogar an einer ausländischen Universität studieren. Auch die Familie oder der Arbeitsplatz können die Ursache sein, dass sich Paare nur am Wochenende sehen können oder sogar über Wochen und Monate ganz getrennt sind. Jedoch können auch Fernbeziehungen auf den festen Eckpfeilern ruhen, die auch einer „normalen" Partnerschaft Sicherheit und Stabilität geben: Liebe und gegenseitiges Vertrauen. Die Paare trennen mitunter hunderte, sogar tausende Kilometer - aber in den Zeiten von Internet, Smartphone und Skype sollten auch auf die Entfernung emotionale Nähe und ein reger Austausch von Informationen möglich sein. Wichtig ist, dass die Partner sich gegenseitig an ihrem Leben teilnehmen lassen.

Zu den Faktoren, die eine Fernbeziehung stark beeinflussen, gehören in erster Linie
- Die Liebe
- Das Vertrauen
- Die Kommunikation

Ohne beidseitige, aufrichtige Liebe ist jede Fernbeziehung über kurz oder lang zum Scheitern verurteilt. Natürlich ist eine solch langfristige Trennung auch immer eine starke Belastung für jede Partnerschaft, aber sie kann auch durchaus bereichernd sein („Wenn wir das durchhalten, dann schaffen wir auch alles andere!").

Nicht umsonst spricht man von grenzenlosem Vertrauen. Auch dieses muss von beiden Seiten vorhanden sein, wenn eine Fernbeziehung funktionieren soll. Schon ein Schwinden des Vertrauens oder gar ein Vertrauensbruch würde auch die beste Beziehung vor eine vermeidbare Belastungsprobe stellen.

Und dann die Kommunikation. Der stetige Austausch. Das miteinander reden. Den fernen Partner an seinen Erfolgen, seinen Freuden, aber auch an seinem Leid teilhaben lassen. Das schafft, auch über die Distanz hinweg, Vertrautheit, Nähe und Intimität. Und so bleibt man gegenseitig ein fester Bestandteil im Leben des Anderen.

Darüber hinaus tun Fernbeziehungspaare gut daran, die gemeinsamen Zeiten z.B. am Wochenende, sinnvoll zu leben, zu erleben. Sich Zeit füreinander nehmen. Die wenigen Stunden, die man zusammen hat, intensiv nutzen. Dabei den Alltag, den ja jeder für sich alleine erlebt, getrost vergessen und sich voll und ganz auf den Partner konzentrieren. Trotzdem dürfen die Erwartungen an die gemeinsame Zeit nicht zu hoch geschraubt werden, das führt unweigerlich zum Absturz in die Realität. Echte Leidenschaft kann sich nur spontan entwickeln und nicht im Voraus geplant werden.

Sollte es mal zu Problemen kommen, dann müssen die Partner offen und ehrlich miteinander reden. Schwierigkeiten, die nicht ausgesprochen werden, können nicht gelöst werden und sind langfristig eine enorme Belastung.

Zum Beziehungskiller kann dann auch die erste Zeit nach einer langen Fernbeziehung werden. Unter Umständen haben sich die Partner derart an die Vorteile einer Trennung gewöhnt, dass es beim Zusammenleben zu Schwierigkeiten kommen kann. Auch hier gilt es, sich gemeinsam entsprechend auf die neue Form der Beziehung vorzubereiten, miteinander zu reden und gemachte Absprachen einhalten.

Die Midlife-Crisis - Da muss man durch

Für jeden Blödsinn, den wir vom etwa 40. bis hin zum 55. Lebensjahr verbocken, muss die Midlife-Crisis als Ausrede herhalten. Kauft Mann sich in diesem Alter ein schweres Motorrad - heißt es, er ist in der Midlife-Crisis. Leistet sich Frau in diesem Lebensabschnitt einen bedeutend jüngeren Liebhaber - na ja, die Midlife-Crisis.

Der Begriff wurde erst 1974 von der US-Amerikanerin Gail Sheehy in ihrem Buch „In der Mitte des Lebens" geprägt. Seitdem ist er in aller Munde, obwohl es, außer einigen Studien, keinen wissenschaftlichen Nachweis, für diese Lebensphase gibt. Die damit verbundenen Probleme treffen den einen mehr, den anderen weniger - geschlechterübergreifend. Denn nicht nur Männer geraten in die Krise.

Menschen die sich von der Midlife-Crisis betroffen glauben, beklagen oft eine gewisse Unzufriedenheit über das, was sie aus ihrem Leben gemacht haben. Daraus entwickeln sich eine innere Unsicherheit und Stimmungsschwankungen. Um dem entgegenzuwirken, versuchen sie aus ihren bisherigen Rollen- und Verhaltensmustern auszubrechen und dann kommt es zu den manchmal kaum nachvollziehbaren Taten (s.o.).

Zur Mitte des Lebens wird vielen von uns oftmals bewusst, dass unser Leben nicht endlich ist. Wir fragen uns, was wir von dem, was wir uns vorgenommen haben, bisher erreicht haben. Wir erstellen eine vorläufige Lebensbilanz, die nicht immer zu unseren Gunsten aufgeht. Hinzu kommen erste Alterserscheinungen, Krankheiten, vermehrte graue Haare oder eine nachlassende Fitness. Das bringt uns zum Nachdenken, macht uns unzufrieden.

Einen großen Vorteil hat die Midlife-Crisis allerdings. Ist sie erst einmal überwunden - und das ist meist nur eine Frage der Zeit - fühlen wir uns im Allgemeinen besser. Es geht wieder aufwärts...

Beziehungskrisenzeiten: Urlaub, Weihnachten...

Ferien- und Weihnachtszeit haben eines gemeinsam: unmittelbar danach trennen sich viele Paare. Der Grund dafür? Meist haben sich die Partner gestritten, weil sie mit zu hohen Erwartungen in den Urlaub oder in die Weihnachtsfeiertage gegangen sind. Dabei wäre es so einfach, sich mit dem Partner schon im Vorfeld auszusprechen, welche genauen Ansprüche er hat.

Oft ist der Streit aber auch schon bei der Planung vorprogrammiert. Sie will im Urlaub ans Meer, er ins Gebirge. Oder er will zu Weihnachten einen Braten auf dem Tisch, sie tendiert eher zu Fondue. In einer funktionierenden Partnerschaft sollte es doch immer möglich sein, einen für beide Seiten tragbaren Konsens zu finden - wenn man noch vernünftig und vorurteilsfrei miteinander reden kann.

Und dann nimmt man zusätzlich auch noch die Probleme, die im Alltag nicht gelöst wurden und die man immer vor sich hergeschoben hat, mit in den Urlaub oder in die Weihnachtsfeiertage. Das geht gar nicht! Diese „Stolperfallen" sollten auf jeden Fall schon vorher abgearbeitet werden und einem nicht die schönen Tage versauen. Machen Sie sich von dem Gedanken frei, dass alles immer perfekt sein muss. Wenn es mit dem Anschlussflug nicht klappt oder Urlaubstage verregnet sind - es gibt Schlimmeres. Wenn die Weihnachtsgans nicht ganz so zart ist oder ein Geschenk nicht passt - nicht aufregen. Egal ob Urlaub oder Weihnachtszeit: ruhig bleiben lautet die Devise. Relaxen, Streit vermeiden und diese besondere Zeit gemeinsam genießen. Verwöhnen Sie sich und Ihren Partner. Nicht nur mit Geschenken, sondern auch mit kleinen Gesten. Sagen Sie einfach mal „Danke" und unterstützen Sie sich gegenseitig. Ein zufriedener Partner macht auch Sie zufrieden. Verplanen sie nicht die ganze Zeit - lassen sie sich Freiräume. Für einen spontanen Spaziergang, einen schönen Ausflug oder ein romantisches Abendessen.

Wenn ernste Krankheiten die Beziehung belasten

Schwerwiegende gesundheitliche Beschwerden können zu einer enormen Bürde für jede Partnerschaft werden. Jede Krankheit nimmt Einfluss auf den betroffenen Patienten und damit auch auf seine Beziehung. Aber es gibt Krankheitsfälle, die sind nur vorübergehend und andere beeinträchtigen den Betroffenen über Monate und Jahre hinweg und die Auswirkungen der Krankheit können den Rest des Lebens sehr belastend sein. Wie geht man damit um?

Die Diagnose einer schweren Krankheit kann jeden von uns treffen - jeden Tag. Derjenige aber kann sich trotzdem noch glücklich schätzen, der dann einen starken Partner an seiner Seite hat, der ihm Sicherheit und Kraft gibt, der ihm hilft und Hoffnung macht oder der ihn einfach nur auf seine Art und Weise liebt.

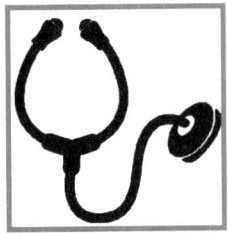

Eine sehr starke Belastung für jede Beziehung können z.B. Brust- und Unterleibskrebs bei Frauen oder Prostatakrebs bei Männern sein. Unter Umständen jeweils mit einer Totaloperation verbunden, sind dies derart problembehaftete Diagnosen, bei denen ein verständnis- und liebevoller Partner nicht nur Halt und Zuversicht geben kann. Nach der OP fühlt sich der Betroffene vielfach nicht mehr als vollwertiger Mensch, leidet unter Zukunftsängsten und verschließt sich seinem Umfeld. Gerade dann liegt es am gesunden Partner zu beweisen, dass dem nicht so ist. Mit viel Einfühlungsvermögen, Empathie und auch Zärtlichkeit kann er dem Patienten nicht nur die Psyche stärken, sondern zusätzlich den Heilungsprozess positiv beeinflussen.

Auch oft langwierige Depressionen können Grund für ernsthafte Beziehungsprobleme sein und führen immer wieder zu Trennungen. Als eine der am stärksten verbreiteten psychischen Krankheiten, die meist erstmals zwischen dem 30. und 40. Lebensjahr auftritt, wird eine Depression nur selten rechtzeitig im Familienkreis als solche erkannt, dementsprechend spät diagnostiziert und dann erst therapiert. Bis dahin haben Paare meist schon einen dornenreichen und steinigen Weg hinter sich. Der schleichende Zerfall, die ewigen Angstzustände und immer wieder auftretende Stimmungsschwankungen des Erkrankten zermürben auch den gesunden Partner und belasten die Beziehung extrem. Dabei ist nicht immer zweifelsfrei feststellbar, ob Beziehungsprobleme Auslöser für die Depression waren oder ob erst die Depression die Ursache einer Krise war.

Egal wie die Krankheit auch heißt, egal was die Ursache ist - der Patient braucht in dieser Situation die Unterstützung seines Partners und der Familie dringender denn je. Dazu gehört, sich über die Erkrankung aus erster Hand zu informieren, um Verständnis für den erkrankten Partner aufbringen zu können, um sich auf ihn einzustellen und um die Krankheit auch als solche akzeptieren zu können.

Aber auch der gesunde Partner ist nur ein Mensch und kann einfach mal überfordert sein. Ängste und Sorgen um den geliebten Kranken belasten ihn, er stellt seine eigenen Bedürfnisse oft hinten an. Hier ist gegenseitiges Verständnis gefragt. Irgendwann kommt auch der Stärkste an seine Grenzen. Bevor diese überschritten werden, ist es sinnvoll intensiv miteinander zu reden und sich gegebenenfalls professionelle Unterstützung von Dritten zu holen. Das kann so etwas simples sein, wie eine Haushaltshilfe oder aber auch psychologische oder medizinische Beratung. Für den gesunden Partner ist es wichtig, sich Freiräume zu schaffen, in denen er Kraft tanken kann und mal wieder den Kopf freibekommt. Nur dann schafft er es, wenn er wieder gebraucht wird, mit vollem Einsatz zur Verfügung zu stehen.

Die Probleme der ungewollten Kinderlosigkeit (gegenüberliegende Seite) und der Erektile Dysfunktion (Seite 47) werden in den folgenden Kapiteln beschrieben.

Ungewollte Kinderlosigkeit

Die Weltgesundheitsorganisation definiert ein Paar bereits als steril, also unfruchtbar, wenn die Frau innerhalb nur eines Jahres mit regelmäßigem und ungeschütztem Geschlechtsverkehr nicht schwanger wird. Nach Angaben des Bundesfamilienministeriums ist derzeit fast jedes zehnte Paar zwischen 25 und 59 Jahren in Deutschland ungewollt kinderlos.

Viele Partnerschaften leiden unter dem unerfüllten Kinderwunsch. Gefühle wie Hilflosigkeit und Unvollständigkeit treten dann verstärkt auf. Interessant sind die unterschiedlichen Reaktionen der beiden Geschlechter. Die Psyche der Frauen leidet im Allgemeinen stärker, aber sie sind eher bereit externen Rat und Hilfe anzunehmen. Männer reagieren eher Ich-bezogen und besonders emotional bis hin zum Verlust von Selbstwertgefühl, wenn sie selbst der Auslöser für die ungewollte Kinderlosigkeit sind. Für eine gesunde Partnerschaft ist es wichtig, in dieser kritischen Situation zusammen zu halten. Schuldzuweisungen wären kontraproduktiv. Es gilt eine gemeinsam tragbare Lösung zu finden. Neben einer u.U. langwierigen und kostspieligen medizinischen Behandlung wäre auch die Adoption eines Kindes eine Möglichkeit zur Familiengründung.

Die medizinischen Ursachen für eine ungewollte Kinderlosigkeit sind vielfältig. Die Empfängnisunfähigkeit bei Frauen kann z.B. ausgelöst werden durch:
- Zyklusstörungen
- blockierte Eileiter
- Infektionen z.B. nicht behandelte Chlamydien
- Hormonelle Störungen
- Einnistungsprobleme der befruchteten Eizelle in der Gebärmutter.

Ist die Ursache beim Mann zu suchen, spricht man von Zeugungsunfähigkeit. Diese liegt in den meisten Fällen in mangelnder Qualität und Quantität der Spermien. Geschlechtsunabhängig können auch erhöhter Stress, Über-

und Untergewicht sowie Alkohol-, Nikotin- und Drogenkonsum zur Unfruchtbarkeit führen.

Bei den letztgenannten, geschlechtsunabhängigen Ursachen kann man selbst aktiv werden und Abhilfe schaffen, wenn man denn einen ernsten Kinderwunsch hegt. In allen anderen Fällen aber ist der gemeinsame Gang zum Arzt seines Vertrauens unvermeidlich.

Der Mediziner wird versuchen die mögliche Ursache für die ausbleibende Schwangerschaft zu diagnostizieren und eine entsprechende Therapie vorschlagen. Trotz der vielfachen Möglichkeiten der modernen Medizin kann er aber keine Garantie auf einen eventuellen Erfolg geben.

Aber selbst wenn die auslösenden Probleme im eigenen Körper nicht reparabel sind, wenn eine künstlich Befruchtung nicht fruchtet und auch weitere medizinische Eingriffe keine Schwangerschaft bewirken können, gibt es noch andere Möglichkeiten der Familiengründung.

Das Austragen eines Kindes durch eine Leihmutter ist in Deutschland verboten. Zwar sieht der Gesetzgeber weder für die Leihmutter, noch für die Auftraggeber Strafen vor, den Ärzten ist aber nach dem Embryonenschutzgesetz jede Tätigkeit im Zusammenhang mit Leihmutterschaften verboten. Auch die Vermittlung von Leihmüttern wird mit Strafe bedroht.

Eine gute und rechtlich sichere Alternative dagegen ist die Adoption eines Kindes. Ob nun im Inland oder im Ausland, der Adoptierende muss nach deutschem Adoptionsrecht mindestens 25 Jahre alt sein. Ein Höchstalter ist nicht festgelegt, allerdings sollte der Altersunterschied zwischen Kind und neuen Eltern nicht größer als 40 Jahre sein. Die leiblichen Eltern oder der Vormund müssen der Adoption zustimmen. Ansprechpartner sind die örtlichen Jugendämter. Weitere Informationen unter *www.adoption.de*

Erektile Dysfunktion - Ein Männerproblem?

Schön ist es nicht, wenn ein Mann im Bett nicht mehr seinen Mann steht. Dabei ließe sich das Problem in den meisten Fällen lösen. Doch viele Männer sprechen aus falscher Scham weder mit ihrem Arzt, noch mit ihrer Partnerin über ihr „Versagen". Sie „igeln" sich ein, versuchen es auszusitzen und vergrößern damit noch die Problematik. Aber auch Frauen machen Fehler. Nicht alle können sich in die Psyche der Männer hineinversetzen, lassen ihnen zu wenig Zeit und setzen sie damit zusätzlich unter Druck. Ein Teufelskreis, der nur durch Offenheit und gegenseitiges Verständnis durchbrochen werden kann.

ED oder umgangssprachlich Impotenz, kann durch organische oder psychische Gründe ausgelöst werden. In vielen Fällen spielen aber auch beide Faktoren eine entscheidende Rolle. Schenkt man den Statistiken Glauben, so ist ein Großteil aller Männer irgendwann einmal von ED betroffen. Demnach sind im Patientenalter bis etwa 40 Jahren psychische Ursachen häufiger, während  bei den älteren Männern eher körperliche Einflüsse ausschlaggebend sind. Dabei sollte es doch in der Zeit von Viagra & Co. und der fortgeschrittenen medizinischen Versorgung so einfach sein.

Ist die Psyche die Ursache, so erfordert es viel Zeit, Vertrauen und eine verständnisvolle und geduldige Partnerin. Häufig sind Versagensängste der auslösende Faktor. Hier kann ein entsprechend ausgebildeter Psychotherapeut helfen. Die Chancen auf Genesung stehen gut. Und in der Zwischenzeit gibt es für phantasievolle Menschen noch sehr viele Möglichkeiten, auch ohne Erektion im Bett Spaß und Erfüllung zu finden.

Der Hausarzt ist der erste Ansprechpartner, wenn körperliche Ursachen als Auslöser der ED vermutet werden. Die Mediziner teilen die körperlichen Ursachen für eine schwache Erektion grundsätzlich in vier Gruppen ein:

- Störungen bei der Durchblutung - vaskuläre Ursachen, (mangelnde Blutzufuhr oder erhöhter Blutabfluss)
- Schädigungen Nervensystem - neurogene Ursachen
- Hormonstörungen - endokrine Ursachen
- Schädigungen des Schwellkörpergewebes - kavernöse Ursachen

Unter Umständen hilft schon die Umstellung einer Dauermedikation auf ein anderes Präparat. So können z.B. verschiedene blutdrucksenkende Mittel zu Potenzproblemen führen, was dann auch im Beipackzettel aufgeführt ist. Zu hohe Blutfett- und Cholesterinwerte, Stress, Arterienverkalkung und Diabetes sind als Auslöser für eine Erektile Dysfunktion bekannt. Hinzu kommen Fehlfunktionen der Schilddrüse, Übergewicht, Schlafapnoe und übermäßiger Drogenkonsum (inklusive Alkohol und Nikotin!). Vielfach hilft es den Betroffenen schon, ihre bisherigen Lebensgewohnheiten umzustellen. Das heißt, gesunde Ernährung, mehr Sport, weniger Stress usw. In schwierigeren Fällen wird der Hausarzt den Patienten zum Spezialisten, Urologen, zum Kardiologen oder auch zum Neurologen überweisen.

Und selbst, wenn gar nichts mehr geht, z.B. nach einer radikalen Prostata-Operation, muss das noch nicht das Ende der Liebe oder der Beziehung bedeuten, denn eine Partnerschaft, die ausschließlich und nur auf Sex aufbaut, sollte man grundsätzlich in Frage stellen. Eine erfüllende Beziehung bedeutet mehr als nur regelmäßigen Beischlaf.

Scheidung - Die Chance für einen Neuanfang?

Im Jahr 2012 wurden 26 der insgesamt 387.432 geschlossenen Ehen bereits nach weniger als zwölf Monaten geschieden. 5.794 der in 2012 geschiedenen Ehen haben gerade mal 2 Jahre gehalten. Und „Das verflixte 7. Jahr" ist nicht mehr aktuell - die meisten Ehen, nämlich 9.686 wurden 2012 bereits nach 6 Jahren geschieden. Die durchschnittliche Ehedauer betrug bei den 2012 ausgesprochen 179.147 Scheidungen 14,6 Jahre - immerhin.

Rund 37% aller Ehen scheitern heute in den ersten 25 Jahren. Und auch danach ist man vor Ungemach nicht gefeit. In den letzten 20 Jahren hat sich die Zahl der Spätgeschiedenen (nach 25 jähriger Ehe) auf knapp 24.000 jährlich fast verdoppelt. Sind die Kinder irgendwann erwachsen und aus dem Elternhaus ausgezogen, fehlt vielen Ehepaaren die gemeinsame Aufgabe, das gemeinsame Ziel. Dabei war diese Problematik vorhersehbar und man fragt sich, warum man nicht vorab daran gearbeitet hat, warum man sich nicht auf den „Tag X" vorbereitet hat. Erschreckend bei den ganzen Statistiken sind die Zahlen der Scheidungskinder. 143.022 Minderjährige mussten sich allein 2012 mit der Scheidung ihrer Eltern abfinden - in nur einem Jahr. Zwar sprechen die Statistiker zur Zeit von rückläufigen Scheidungszahlen. Da aber auch die Zahlen der Eheschließungen zurückgehen, bleibt der reale Wert hoch.

Aber warum trennt man sich, warum lässt man sich scheiden? Vor noch nicht allzu langer Zeit, diente „der Bund der Ehe" in erster Linie der Familiengründung, aber auch der späteren Absicherung. Trotz mannigfacher Probleme hatten viele Frauen damals nicht den Mut, sich von ihrem Mann zu trennen, weil sie in einer finanziellen Abhängigkeit waren und Angst vor dem gesellschaftlichen Abstieg hatten. In der heutigen Zeit, in der berufstätige Frauen zum Alltag gehören und Alleinerziehende sowie Patchworkfamilien nichts Besonderes mehr sind, hat die Ehe scheinbar an Wert verloren. Die Scheidungszahlen sprechen eine deutliche Sprache.

Die Positionen von Mann und Frau haben sich im Laufe der letzten Jahrzehnte stark verändert, sie haben sich angeglichen. Immer mehr Frauen stehen heute beruflich „ihren Mann", immer mehr Männer widmen sich der Kindererziehung. „Typisch Mann" oder „Typisch Frau" sind sehr dehnbare Begriffe geworden. Viele Frauen sehen sich nicht mehr nur als Heimchen am Herd, sie sind selbstständiger und unabhängiger geworden. Und nicht jeder Mann kommt mit diesem neuen Rollenverständnis klar.

Die Gründe für den Wunsch nach Scheidung sind vielfältig und stimmen grundsätzlich mit den Auslösern einer Beziehungskrise überein (siehe Seite 55). Fakt ist, dass nach wie vor viele Ehen scheitern. Man hat vielleicht zu schnell, zu unüberlegt geheiratet. Aber viele Paare machen es sich auch zu leicht und geben zu früh auf, anstatt an ihrer Beziehung zu arbeiten und um eine glückliche Partnerschaft zu kämpfen.

Wie die o.g. Zahlen beweisen, ist eine Scheidung heute nichts Außergewöhnliches mehr. Der oder die Geschiedene wird auch nicht mehr stigmatisiert. Nach der Scheidung kann jeder - mit einem neuen Partner - wieder bei Null anfangen. Und wenn man aus den Erfahrungen (Ich vermeide das Wort 'Fehler' bewusst.) der vorherigen Ehe etwas gelernt hat, diesmal einiges besser oder auch anders machen. Neue Chance - neues Glück!

Zitate zum Thema Scheidung

Dem Schauspieler **Jerry Lewis** (*1926) wird folgender Satz zugesprochen: *„Es gibt sicher viele Gründe für eine Scheidung, aber der Hauptgrund ist und bleibt die Hochzeit."*

Der US-amerikanische Schriftsteller **Norman Mailer** (*1923 - †1927) hat gesagt: *„Du weißt solange nichts von einer Frau, bist du ihr vor Gericht begegnest."*

Die Schauspielerin **Anna Magnani** (*1908 - †1973) wird mit folgenden Worten zitiert: *„Eine geschiedenen Frau ist eine Frau, die geheiratet hat, um nicht mehr arbeiten zu müssen und jetzt arbeitet, um nicht mehr heiraten zu müssen."*

Adele Rogers St. John (*1894 - †1988), US-amerikanische Journalistin und Schriftstellerin: *„Die Unterschiede zwischen Ehemännern sind so gering, dass man ruhig den ersten behalten kann."*

Johnny Depp (*1963): *„Wenn du zwei Personen zur selben Zeit liebst, dann entscheide dich für die zweite, denn würdest du die erste wirklich lieben, wäre deine Entscheidung nicht auf die Zweite gefallen."*

Maria Callas (*1923 - †1977): *„Ehen werden im Himmel geschlossen und in der Hölle gelebt."*

Helen Vita (*1928 - †2001: *„Wenn ein Mann eine Frau nicht mehr riechen kann, hilft auch das beste Parfüm nichts mehr."*

Wilhelm Busch (*1832 - †1908): *„Meistens hat, wenn zwei sich scheiden, einer etwas mehr zu leiden."*

Clint Eastwood (*1930): *„Es gibt nur einen Weg, eine glückliche Ehe zu führen und sobald ich erfahre, welcher das ist, werde ich erneut heiraten."*

Der Tod

Vielleicht klingt es makaber, in einem Buch über Beziehungsprobleme den Tod ins Spiel zu bringen, aber jedes Leben ist endlich und der Tod gehört zu jedem Leben dazu.

Wenn der, vielleicht langjährige und geliebte Partner stirbt, ist das ein gewaltiger Einschnitt in das Leben eines jeden Menschen. Derjenige, der einem am nächsten stand, der da war, wenn man ihn brauchte, mit dem man Freude und Leid teilte - diese überaus wichtige Person soll plötzlich nicht mehr präsent sein? Das kann einen schockähnlichen Zustand auslösen, auf jeden Fall aber tiefe Trauer und Bestürzung. Und jeder Mensch hat seine eigene Art mit der Trauer umzugehen. Diesbezüglich gibt es kein „Richtig" oder „Falsch".

Man sollte sich jedoch bewusst sein, dass das eigene Leben weiter geht. Dass man noch Aufgaben hat, deren korrekte Erledigung vielleicht auch im Sinne des Verstorbenen sein könnte. Das können gemeinsame Kinder sein, die einen jetzt mehr denn je brauchen oder ein Haustier, um das man sich kümmern muss. Unter Umständen sind es auch diese Aufgaben, die einem helfen über die schwere Zeit hinwegzukommen.

Unterstützen können dabei auch Rückblicke auf die schönen gemeinsamen Zeiten. Auf das, was man zusammen erlebt, was man zusammen geschaffen und an das, was die Partner zusammengehalten hat. Dies alles kann einem niemand mehr nehmen. Schöne Erinnerungen, angenehme Gedanken, positive Gefühle in einer ansonsten schweren Zeit.

Das Schicksal stellt uns immer wieder vor mehr oder weniger schwere Aufgaben. Diese können wir bestehen oder aber daran scheitern und im schlimmsten Fall sogar daran zu Grunde gehen. Wenn wir diese Aufgaben aber überstehen, dann gehen wir gestärkt daraus hervor, nehmen etwas mit und haben etwas gelernt.

An der Beziehung arbeiten

Alltagsroutine - Wo ist das Prickeln geblieben?

Über kurz oder lang verfällt fast jede, noch so temperamentvoll gestartete Beziehung in eine gewisse Routine. Nach der Zeit des ersten Verliebtseins tritt der Alltag in den Vordergrund. Niemand wünscht sich das - aber es passiert. Wie gelingt es, aus der Routine auszubrechen?

1. Analysieren
Reden Sie offen und ehrlich mit Ihrem Partner. Auch ihm wird die alltägliche Routine vielleicht nicht gefallen. Sprechen Sie sich aus, wie Sie es zukünftig gemeinsam besser machen können. Keine Schuldzuweisung - Ergebnisorientiert denken.

2. Aufeinander zugehen
Vielleicht haben die Partner unterschiedliche Vorstellungen. Dann suchen Sie gemeinsam einen Konsens. Versetzen Sie sich in Ihren Gegenüber, versuchen Sie ihn zu verstehen. Auch das wird die Partnerschaft nachhaltig beleben.

3. Erinnerungen wachhalten
Wie war das noch, als Sie sich kennen lernten. Das erste Date, der erste Kuss. Versuchen Sie sich in diese Zeit zurückzuversetzen, um das berüchtigte Kribbeln wieder zu spüren.

4. Fantasie spielen lassen
Sex belebt die Partnerschaft - aber immer das Gleiche wird schnell langweilig. Also lassen Sie sich etwas einfallen und lassen Sie Ihrer Fantasie freien Lauf. Erlaubt ist, was beiden Spaß macht.

5. Spontan sein
Surprise, surprise. Überraschen Sie sich und Ihren Partner mal wieder. Ein Saunabesuch, ein leckeres Essen oder eine Wochenendreise. Hauptsache spontan und ungezwungen.

Die Krise ist da!
Es muss nicht der Anfang vom Ende sein

Jede Partnerschaft, egal welcher Art, ob Freundschaft oder Ehe, durchlebt irgendwann einmal eine Krise. Gehen die Partner aber bewusst und selbstkritisch mit dieser Phase um, kann sie durchaus positiv und bereichernd für die Beziehung sein. Je früher mindestens einer der beiden Partner die Krise erkennt, je früher man aktiv wird - umso besser für den Erhalt der Beziehung. Im Idealfall lassen sie es gar nicht erst soweit kommen und reagieren schon vorher. Aber selbst wenn die Partnerschaft bereits mitten in der Krise steckt, ist die Beziehung meist noch zu retten - wenn man strukturiert und lösungsorientiert handelt.

Irgendwann fällt es einem auf - die ersten Warnsignale. Es wird kaum noch miteinander geredet und wenn, dann nur noch das Notwendigste. Und dann gibt es immer öfter Streit, auch über Belanglosigkeiten. Man ärgert sich über „Macken" des Partners, die man früher toleriert hat, vielleicht sogar interessant gefunden hat. Wo ist die körperliche Anziehung geblieben? Und warum ist mein Partner nicht da, wenn ich ihn brauche? Die Beziehung verläuft nur noch in Routine. Die ehemals aufregende, weil neue Partnerschaft, ist alltäglich und langweilig geworden. Spätestens jetzt sollte etwas unternommen werden, denn die Krise ist da.

Die Auslöser einer Beziehungskrise können vielfältig sein:
- Übermäßiger Stress (z.B. im Beruf)
- Unerfüllte Bedürfnisse (Zärtlichkeit, Sexualität)
- Mangelnde Treue (Seitensprung)
- Fehlende Anerkennung, nachlassender Respekt
- Wachsende Gleichgültigkeit (Alltagsroutine)
- Krankheit
- Finanzielle Probleme, Arbeitslosigkeit

Vielfach liegt es auch lediglich an der mangelnden Kommunikation unter den Partnern. Das Einfachste wäre doch zu sagen, dass es Stress im Büro gibt und dass es einem deshalb nicht besonders gut geht. Aber nicht erst, wenn der Büro-Ärger schon zu Hause angekommen ist und unter Umständen die Stimmung bereits vergiftet hat. Nein, vorher. Quasi als Warnung, aber auch um Verständnis beim Gegenüber für die außergewöhnlich Situation zu finden. Er hat dann auch frühzeitig die Gelegenheit, sich darauf einzustellen, eventuell Hilfestellung und Unterstützung zu geben.

Und warum haben so viele Paare Probleme damit, offen und ehrlich über ihre Bedürfnisse, ihre Wünsche und Träume zu sprechen? Sollte nicht der eigene Lebenspartner, der ja ebenfalls Betroffener ist, dafür die erste und geeignete Person sein? Ist es falsch verstandener Stolz, warum das offene Gespräch so oft vermieden wird? Oder hat man Angst den Partner zu verletzen? Wie auch immer - Stolz und Angst müssen überwunden werden, damit frei davon miteinander gesprochen werden kann. Nur wer redet, dem kann geholfen werden.

Können die beiden Partner ihre Krise nicht intern durch Gespräche bewältigen, hilft es oft, einen unparteiischen Mediator um Unterstützung zu bitten oder sich ausgebildeten Beratern z.B. von pro familia anzuvertrauen. Eine Paarberatung kann dabei helfen, sich neu zu definieren, einen neuen Anfang und wieder den gemeinsamen Weg zu finden - wenn beide Beteiligten es wollen.

Wenn aber einer der beiden Partner partout nicht an der Beziehung arbeiten will und sie ihm auch nichts mehr wert ist, dann kann es durchaus sinnvoll sein, die Partnerschaft als beendet zu erklären. Lieber ein Ende mit Schrecken, als ein Schrecken ohne Ende

Zitate zum Thema Krise

Anita Ekberg (*1931): *In der Ehe ist es wichtig, dass man versteht, harmonisch miteinander zu streiten."*

Ein Zitat von des Schriftstellers **Curt Goetz** (*1888 - †1960): *„Die meisten Differenzen in der Ehe beginnen damit, dass eine Frau zu viel redet und ein Mann zu wenig zuhört."*

Und noch einmal **George Bernhard Shaw** (*1856 - †1950): *„Im ersten Ehejahr strebt ein Mann die Vorherrschaft an. Im zweiten kämpft er um die Gleichberechtigung. Ab dem dritten ringt er um die nackte Existenz."*

Der Schriftsteller **Hans Fallada** (*1893 - †1947) sagte einmal: *„Von weitem sieht eine Ehe außerordentlich einfach aus."*

Das schottische Allroundtalent **Billy Connolly** (*1942) soll gesagt haben: *„Die Ehe ist eine wunderbare Erfindung, aber das ist ein Fahrradflickzeugkasten auch."*

Liza Minnelli (*1946): *„Wenn ein Mann will, dass seine Frau zuhört, braucht er nur mit einer anderen zu reden."*

Loki Schmidt (*1919 - †2010) über das Geheimnis ihrer langen Ehe mit Altbundeskanzler Helmut Schmidt: *„Komm bloß nicht auf die Idee, ihn erziehen zu wollen. Du findest ihn ja attraktiv, weil er so ist, wie er ist, und nicht anders."*

Der erste Schritt - Eine Analyse

Nach der Feststellung, dass irgendetwas in der eigenen Beziehung nicht stimmt, ist es an der Zeit aktiv zu werden. In aller Ruhe sollte nun der aktuelle Stand der Beziehung analysiert werden. Erst wenn man die Probleme genauestens kennt, kann an der Beziehung effektiv und zielgerecht gearbeitet werden.

Die wichtigste und grundlegendste Frage als Erstes: „Will ich die Beziehung überhaupt noch aufrechterhalten?" Meist ist diese Frage nicht mit einem klaren „Ja" oder „Nein" zu beantworten. Hilfreich kann es dann sein, sich alle Pro- und Contra-Fakten zu notieren und dann, entsprechend der Wertigkeit, miteinander zu vergleichen. Dafür muss der Kopf natürlich frei von Emotionen und anderen Ablenkungen sein. Wenn diese erste Frage mit „Ja" beantwortet wurde, kann man versuchen zu fixieren, was die Krise überhaupt ausgelöst hat. Dabei soll es aber auf keinen Fall um Schuldzuweisungen gehen, sondern lediglich ob und wie man das Problem wieder abstellen kann, also zielorientiert denken. Lässt es sich nicht beheben, stellt sich die Frage, wie man damit zukünftig besser umgehen kann bzw. will.

Und wie war es vor der aktuellen Krise? Daraus ergeben sich die nächsten Fragen:
„War ich bisher mit der Partnerschaft zufrieden?"
„Wurden meine Erwartungen erfüllt?"
„Was habe ich zu einer erfüllten Beziehung beigetragen?"
„Was hätte ich besser machen könne?"

Und für die Zukunft:
„Was erwarte ich noch von meiner Beziehung?"
„Und was erwarte ich zukünftig von meinem Partner?"
„Wo sehe ich mich in fünf oder zehn Jahren?"

Füreinander - Miteinander

Da zu einer Beziehung immer mindestens zwei Personen gehören, sollte auch der Partner für sich eine eigene Analyse, entsprechend der oben genannten, durchführen.

Bespricht man die gewonnenen Ergebnisse anschließend offen und ehrlich miteinander, so besteht eine gute Chance, dass man danach nicht nur sich, sondern auch seinen Partner besser versteht. So verschafft sich das Paar eine gute Ausgangslage, um nach gemeinsamen Lösungen zu suchen und damit die möglichen Probleme - in welcher Form auch immer - langfristig aus der Welt zu schaffen.

Selbstreflexion - Der Blick auf das eigene Ich

Schon Aristoteles (*384 v.Chr., †322 v.Chr.), der griechische Philosoph, machte sich Gedanken über das, was wir heute Selbstreflexion nennen. Ihm wird folgendes Zitat zugesprochen: „…wenn nun der wahrnimmt, der sieht, dass er sieht, und hört, dass er hört, und als Gehender wahrnimmt, dass er geht, und wenn es bei allem anderen ebenso eine Wahrnehmung davon gibt, dass wir tätig sind, so dass wir also wahrnehmen, dass wir wahrnehmen, und denken, dass wir denken: und dass wir wahrnehmen und denken, ist uns ein Zeichen, dass wir sind…".

Einfach ausgedrückt kann man Selbstreflexion als bewusstes Nachdenken über sein eigenes Ego definieren. Jeder denkende Mensch hat sicherlich schon einmal seine aktuelle Situation analysiert. Die wissenschaftliche Selbstreflexion ist mehr. Sie ist strukturiert und nachhaltig. Idealerweise sieht man sich und seine Probleme dabei aus verschiedenen Perspektiven. Hinterfragt sich auch aus dem Blickwinkel eines Außenstehenden (Ganz wichtig!)

Grundsätzlich sollten alle Fragen und Antworten, ja sogar möglichst alle Gedanken zum Thema, schriftlich festgehalten werden. Man erlebt und spürt sich dann intensiver, beschäftigt sich noch mehr damit.

Fragen können zum Beispiel sein:
Was habe ich in die Beziehung eingebracht?
Was will ich in der Beziehung noch erreichen?
Was war bisher meine schönste Zeit in der Beziehung?
Was ist in der Vergangenheit falsch gelaufen?
Was sollte zukünftig besser funktionieren?

Wie würden Außenstehende (guter Freund, Partner usw.) diese Fragen für mich beantworten? Wenn es bei einem Vergleich zu interessanten, weil abweichenden Antworten kommt, ist dies meist ein willkommener Anlass, um intensiv über sich nachzudenken.

Selbstreflexion kann nicht nur bei Beziehungsproblemen helfen. Das „In-sich-hineinschauen", die strukturierte Analyse des eigenen „Ichs", die bewusste Selbsterkenntnis kann auch bei psychischen Beeinträchtigungen, im Berufsleben, in der Ausbildung (Studium), eigentlich in allen Bereichen des täglichen Lebens neue Wege der Problembewältigung aufzeigen.

Ähnlich funktioniert auch die Methode der US-amerikanischen Bestsellerautorin Byron Katie, die früher selbst unter psychischen Problemen (Depressionen) litt und sich mit einer einfachen Analyse helfen konnte. Ihr System „The Work" basiert im Prinzip auf vier simplen Fragen:
1. Ist das wahr?
2. Kannst Du mit absoluter Sicherheit wissen, dass es wahr ist?
3. Wie reagierst du, wenn du an diesen Gedanken glaubst?
4. Wer wärst du, ohne diesen Gedanken?

Auch Byron Katie empfiehlt sowohl Fragen als auch Antworten schriftlich zu fixieren und hat zu diesem Zweck einen Fragebogen entwickelt, den man von ihrer Homepage *www.thework.com/deutsch/* herunterladen kann.

Zielgerichtet miteinander kommunizieren

„Reden ist Silber, Schweigen ist Gold" sagt uns ein altes Sprichwort. In einer Partnerschaft, insbesondere bei Beziehungsproblemen, ist es jedoch oft genau umgekehrt. Schon in einer intakten Beziehung ist der beiderseitige Austausch, das intensive Gespräch, eines der grundlegendsten Bestandteile des Miteinanders und aus dem Alltag nicht wegzudenken. Das regelmäßige Reden über Gefühle, Ängste und Probleme hilft den Partnern sich gegenseitig zu verstehen und vermeidet schwerwiegende und belastende Missverständnisse. Nur wer redet, dem kann geholfen werden.

Dialog - Die bessere Alternative

Psychologen sehen in einem „Dialog" mehr als nur ein einfaches miteinander reden. Im wissenschaftlichen Dialog geben sich die Gesprächsteilnehmer gegenseitig entsprechende Freiräume, um voneinander zu lernen und ein gemeinsames Ziel zu erreichen. So sollten auch die Partner innerhalb einer Beziehung miteinander kommunizieren.

Der US-amerikanische Wissenschaftler William Isaacs (MIT Massachusetts Institute of Technology) definierte im Rahmen eines Projektes (1992-1994) die vier elementaren Faktoren eines gelungenen Dialogs:
- Zuhören - Informationen bewusst empfangen und verarbeiten und sich dabei selber zurückhalten (schweigen)
- Respektieren - der Meinung des Gegenübers ohne Schuldzuweisung oder Kritik anerkennen
- Suspendieren - aus eigenen Gedanken und Emotionen seine Meinung bilden ohne sich dabei zu sehr zu fixieren, also noch offen sein für das Ergebnis des Dialogs
- Artikulieren - letzten Endes die eigene Aussage

Wie man sieht, geht es im Dialog keinesfalls darum, nur eine einzelne Meinung durchzusetzen, sondern aus der Vielzahl von vorgetragenen unterschiedlichen Ansichten eine neue, gemeinsam erarbeitete und von allen Beteiligten getragene Position zu bilden - in einer Beziehungskrise daher ein optimales Ergebnis.

Streitkultur

Der Begriff „Streit" ist im deutschen Sprachgebrauch leider negativ belastet. Dabei kann eine derartige Auseinandersetzung (Hört sich schon ganz anders an!) durchaus positive Aspekte beinhalten, wenn gewisse Regeln und Vorgaben beachtet werden. Bei einem konstruktiven Streit vertreten die Kontrahenten offen und ehrlich ihre Meinung - die durchaus total gegensätzlich sein kann. Die Kunst dabei ist es - und das macht die „Kultur" aus - nicht persönlich zu werden und den Gegner nicht zu verletzen.

Konflikte sind Bestandteil einer jeden Beziehung. Ausschlaggebend ist, wie man damit umgeht. Zu einem fairen Streit, oder bleiben wir besser bei einer fairen Auseinandersetzung, gehört die strikte Einhaltung der folgenden Eckpunkte:
- Eine Auseinandersetzung - auch in einer Beziehung - ist nichts Besonderes und nichts Besorgniserregendes.
- Niemals bei einem Beziehungskonflikt laut werden („Wer schreit hat unrecht!").
- Jeder kann sich im Laufe des Gesprächs eine Auszeit zum Nachdenken nehmen.
- Bei einer möglichen Eskalation kann der Disput auch auf einen späteren Zeitpunkt verschoben werden.
- Ein konstruktiver Streit endet nicht mit dem Sieg eines Kontrahenten, sondern mit einer Einigung beider Parteien.

Wie schon bei der Selbstreflexion, kann es den Streitenden sehr weiterhelfen, den Konflikt nicht nur aus ihren eigenen Blickwinkeln zu sehen, sondern, nach einem Perspektivwechsel, sich auch in den Gegenüber zu versetzen, seine Gefühle und seine Gedanken dadurch aufzunehmen und ihn besser zu verstehen. Die Streitenden sollten eine Auseinandersetzung niemals als eine Art sportlichen Wettbewerbs ansehen, bei dem es um den ersten oder zweiten Platz, um Sieger und Verlierer geht. Im Idealfall endet ein fair ausgetragener Streit in einer Win-win-Situation, von der beide Seiten gleichermaßen profitieren.

Externe Hilfe

Mediation

Können die Partner in einer Beziehungskrise nicht mehr vernünftig miteinander reden, wird es dabei laut, aggressiv oder unfair, so brauchen sie einen Mediator (lat. = Vermittler). Das kann ein guter Freund sein, ein erfahrenes Familienmitglied oder ein Fachmann einer Eheberatungsstelle. Auf jeden Fall muss der Mediator absolut unparteiisch sein und von beiden Partnern hundertprozentig akzeptiert werden.

Der Mediator tritt im Gespräch als eine Art Schiedsrichter auf. Seine Aufgabe ist es, den Gesprächsverlauf konstruktiv zu strukturieren und harmonisch zu führen, damit beide Konfliktparteien gleichermaßen zu Wort kommen können und die Gelegenheit haben, ihre eigene Ansicht der Dinge klarzustellen.

Ziel der Mediation sollte es immer sein, eine für beide Seiten tragbare und langfristig haltbare Lösung zu finden. Doch der Mediator mischt sich dabei keinesfalls in die Inhalte der Auseinandersetzung ein, das ist nicht seine Aufgabe. Er achtet lediglich darauf, dass die Regeln der Fairness eingehalten werden - ein Fußballschiedsrichter schießt ja auch keine Tore.

Beziehungsberatung, Paartherapie

Ob man nun zur Paartherapie, Beziehungs- oder Eheberatung geht - eines haben die drei Formen gemeinsam: Das Paar vertraut auf die Hilfe eines außenstehenden, erfahrenen Fachmanns. Während die Partnerschaftsberatung vielfach auch von Seelsorgern in kirchlichen oder Sozialarbeitern in öffentlichen Einrichtungen angeboten wird, sollte eine Paartherapie nur von entsprechend ausgebildeten Therapeuten durchgeführt werden. Die Übergänge sind jedoch fließend.

Wie bei allen beziehungsrelevanten Gesprächen ist es maßgeblich für einen erfolgreichen Abschluss, dass der Beratende von den Hilfesuchenden akzeptiert und seine Kompetenz anerkannt wird. Auch dies sollte ein wichtiges Kriterium bei der Suche nach einem geeigneten Berater sein.

Da es sich weder bei der Partnerschaftsberatung noch bei der Paartherapie um eine Heilbehandlung im klassischen Sinne handelt, übernehmen die gesetzlichen Krankenkassen im Allgemeinen auch nicht die Kosten. Einzelsitzungen können jedoch bei entsprechender Indikation und auf Antrag von der jeweiligen Krankenversicherung übernommen werden. Die Eheberatungen der Caritas (katholische Kirche) und der Diakonie (evangelische Kirche) sind durchweg kostenlos, wobei freiwillige Spenden gerne angenommen werden. Die Konfession der Ratsuchenden ist dabei eher nebensächlich. Als Berater sind sowohl Psychologen und Sozialpädagogen als auch Seelsorger im Einsatz.

Diese Beratung ist keinesfalls vergleichbar mit dem Unterricht in einer Schule. Bewusst wird auf einen Schüler-Lehrer-Dialog verzichtet. Der Therapeut befragt vielmehr vorab das betroffene Paar, um sich ein Bild zu machen und um dann gemeinsam mit ihnen einen für beide Partner begehbaren und langfristig tragbaren Lösungsweg zu finden.

Im Rahmen einer derartigen Beziehungsberatung wollen die ausgebildeten Berater dem Paar helfen, wieder vernünftig miteinander umzugehen und damit eine eventuell bevorstehende Trennung zu vermeiden. Die Betroffenen sollen dabei lernen:
- Zu erkennen, was ihre Partnerschaft belastet hat.
- Sich gegenseitig zuzuhören und besser zu verstehen.
- Konflikte fair auszutragen.
- Zukünftig mit den Belastungen des Alltags besser umzugehen.

Die einzelnen Beratungsgespräche dauern in der Regel 50 - 90 Minuten. Die Anzahl der Gespräche ist individuell und richtet sich nach der Komplexität des jeweiligen Einzelfalls.

Weitaus intensiver und damit auch kostspieliger ist meist die Partnerschaftstherapie bei einem zugelassenen Therapeuten. Hier steht neben der eigentlichen Beratung auch die psychologische Arbeit im Vordergrund, deren Ziel es ist, die eventuellen partnerschaftlichen Konflikte erst zu erkennen, zu analysieren und dann gemeinsam zu lösen.

Oft wird von den Therapeuten beklagt, dass sich viele der betroffenen Paare erst zu einem relativ späten Zeitpunkt des Konfliktes um professionelle Hilfe bemühen. Das erschwert die Arbeit und senkt die Erfolgsquote drastisch, da zu Beginn eines Konflikts die Fronten meist noch nicht so stark verhärtet sind.

Auszeit von der Beziehung

Der Begriff der Auszeit kommt ursprünglich aus dem Sport. Und egal, ob beim Eishockey, Football oder Basketball, der Timeout dient der betreffenden Mannschaft um neue Kräfte zu aktivieren oder die bisherige Taktik den aktuellen Gegebenheiten anzupassen. Unter diesen Gesichtspunkten kann eine Trennung auf Zeit auch in der Beziehungskrise nützlich sein. Nicht zur

Ablenkung, sondern als Freiraum zur inneren Einkehr und des Überlegens. So lange die Partner noch an ihre Beziehung glauben, sich damit identifizieren, so lange ist eine Auszeit eine gute Möglichkeit über sich und die kriselnde Partnerschaft intensiv und ohne äußere Einflüsse nachzudenken. Wie in allen Bereichen einer Beziehung gilt auch hier der Grundsatz von Ehrlichkeit und Fairness - auch sich selbst gegenüber. Niemals eine Beziehungspause unbefristet ansetzten. Sie muss einen festen zeitlich abgegrenzten Rahmen haben. Das kann ein langes Wochenende sein oder auch mehr.

Nach der Auszeit setzen sich die Partner erneut zu einem offenen Gespräch zusammen und reden über die gemachten Erfahrungen. Haben sich die Gefühle verändert? Hat man sich gegenseitig vermisst? Wie steht man nun zu der Beziehung? Auch dabei stehen Offenheit und Ehrlichkeit wieder an oberster Stelle - auch wenn es vielleicht weh tut. Im Idealfall ist man sich einig und gibt der Beziehung noch eine Chance. Das heißt aber noch nicht, dass nun alles wieder im Lot ist. Nein - nun beginnt die eigentliche Arbeit, an sich und an der Beziehung, denn sonst ist man in kurzer Zeit wieder da, wo man nicht hin will: in der Krise.

Spürt man aber, dass sich auch nach der Beziehungspause nichts verändert hat, dass man den Partner nicht vermisst hat und auch nicht unbedingt braucht, um glücklich zu sein, dann ist es besser, Nägel mit Köpfen zu machen und die Beziehung zu beenden. Allerdings sind Paartherapeuten vielfach der Meinung, dass sich Paare oft schon zu früh trennen, weil einer oder beide Partner nicht (mehr) bereit sind, an ihrer Beziehung zu arbeiten oder für sie zu kämpfen.

Wenn gar nichts mehr geht - Das Ende

„Wir können ja Freunde bleiben." Ein Satz, mit dem viele Beziehungen enden. Dabei hatte alles einmal so verheißungsvoll angefangen. Da war Sympathie, Zuneigung und Liebe im Spiel. Ein Austausch von Gefühlen,

Gemeinsamkeiten und Zukunftspläne. Alles vorbei? Und was bleibt? Freundschaft? Eine schwierige Aufgabe.

Trennungen laufen niemals nach dem gleichen Muster ab. Der Abkopplungsprozess kann sich über Monate, wenn nicht sogar über Jahre hinziehen oder ganz spontan, von heute auf morgen durchgeführt werden. Irgendwann glaubt - meist erst einer der beiden Partner - dass eine Trennung der bessere Weg wäre und trifft eine folgenschwere Entscheidung - für beide Partner. Es folgt ein mehr oder weniger intensives Gespräch, vielleicht sogar auch mehrere, ein langer Brief oder im schlimmsten Fall eine E-Mail oder nur eine SMS. Das war es dann auch schon.

Am Ende einer Partnerschaft ist es fast üblich, die Vergangenheit nochmals Revue passieren zu lassen. Die schönen und die weniger schönen Tage. Dabei wäre es falsch, sich im Nachhinein gegenseitige Vorwürfe zu machen oder nach dem Schuldigen für das Scheitern der Beziehung zu suchen. Belastende Zwistigkeiten sind in der angespannten Situation eher kontraproduktiv und würden eine respektvolle und für beide Seiten tragbare Trennung unmöglich machen.

Im Optimalfall sind sich beide Betroffenen einig und wickeln gemeinsam den privatrechtlichen Teil der gescheiterten Beziehung ohne einen überflüssigen Rosenkrieg ab. Das kann nur funktionieren, wenn beide das Scheitern der Partnerschaft akzeptiert haben. Vielfach will jedoch einer die Beziehung beenden, der andere sieht noch Chancen und hängt noch an der Partnerschaft bzw. an seinem Partner. Dann ist reden angesagt.

Nur wenn sich die Ex-Partner friedlich voneinander getrennt haben, keine verbrannte Erde hinterlassen, keine Hassgefühle füreinander hegen und nicht nachtragend sind, kann sich aus einer ehemaligen Liebesbeziehung eine stabile Freundschaft entwickeln. Man kennt sich gut, weiß die Macken, aber auch die Vorteile des Anderen richtig einzuschätzen und hat Gemeinsames erlebt - eine gute Grundlage für eine Freundschaft. Warum auch nicht?

Das Ende einer eheähnlichen Beziehung (Wilde Ehe)

Hört sich einfach an - wenn man die Emotionen einmal ausklammert. Man löst den gemeinsamen Haushalt auf, vereinbart, wer die Wohnung übernimmt. Der andere Teil packt seine Koffer, verabschiedet sich freundlich und geht.

Haben die unverheirateten Eltern aber ein gemeinsames Kind, so muss der Elternteil, der sich nicht um das Kind kümmert, nach der Trennung Unterhalt entsprechend der Düsseldorfer Tabelle zahlen. Haben die Eltern vor oder nach der Geburt nicht das gemeinsame Sorgerecht beantragt, geht das alleinige Sorgerecht nach der Trennung automatisch auf die Mutter über. Seit 2013 gibt es aber ein neues Gesetz, nachdem der leibliche Vater auch nach dem Ende der Beziehung beim zuständigen Amtsgericht noch das gemeinsame Sorgerecht beantragen kann und, wenn von der Mutter kein ausreichend begründeter Widerspruch eingeht, im allgemeinen auch zugesprochen bekommt.

Scheidung - Das Ende einer Ehe

Anders als bei einer eheähnlichen Beziehung können auf dem Standesamt geschlossene Ehen auch nur von der Staatsmacht, also von einem Richter, wieder geschieden werden. Das Scheidungsverfahren ist aufwendig, kann aber abgekürzt werden, wenn sich die Ehepartner einig sind, dass die Ehe gescheitert ist und beide Ehegatten einen Scheidungsantrag stellen. In diesem Fall (einverständliche Scheidung) verlangt der Richter, dass die Eheleute bereits ein Jahr (Trennungsjahr) „von Tisch und Bett getrennt" leben, bevor er die Scheidung ausspricht. Diese formale Trennung kann auch in der gemeinsamen Wohnung durchgeführt werden.

Soll die Ehe gegen den Willen eines Ehepartners geschieden werden, so wird der Richter in der Regel das „Trennungsjahr" auf 36 Monate verlängern, um sicher zu sein, dass eine Versöhnung ausgeschlossen ist.

Die Scheidung beinhaltet auch das Verfahren über die Scheidungsfolgen. Dazu gehören die Aufteilung des gemeinsamen Vermögens (Zugewinngemeinschaft oder Gütertrennung), Vereinbarungen über eventuellen Unterhalt und einen möglichen Versorgungsausgleich, sowie - wenn die Eheleute gemeinsame Kinder haben - die Regelung des Sorge- und des Umgangsrechts.

Auch hier können die Eheleute viel Zeit, Kosten und Stress vermeiden, wenn sie sich vorab einigen, einen für beide Seiten tragbaren Konsens im Vorfeld ausarbeiten und dem Richter als einvernehmliche Scheidung vorlegen.

Helfen kann bei diesem Procedere ein Rechtsanwalt, der beide Seiten sowohl im Vorfeld unparteiisch berät, als auch vor Gericht vertritt. Er sorgt dafür, dass alle rechtlichen Vorgaben für die Scheidung auch eingehalten werden.

Kinder in der Beziehungskrise

Der schwächste Teil in einer Beziehungskrise sind immer die betroffenen Kinder. Sie sind vielfach stark involviert und leiden meist noch mehr als die Erwachsenen unter der Krise bzw. unter der möglichen Trennung. Daher gilt es, sie besonders zu schützen. Für die Entwicklung der Kinder ist  es ideal, wenn Papa und Mama während der Trennungsphase und danach friedlich und korrekt miteinander umgehen. Das prägt sie nachhaltig für ihr späteres Leben.

Schon die nackten Zahlen sind erschreckend. Allein im Jahr 2012 mussten sich über 140.000 Kinder mit der Scheidung ihrer Eltern abfinden. Hinzu kommen die Kinder aus ehemaligen Partnerschaften ohne Trauschein. Weit über 1 Million Kinder leben heute in einer Restfamilie mit nur einem Elternteil zusammen und fast 10% aller Familien in Deutschland sind sogenannte Stieffamilien. Und auch wenn „Scheidungskinder" in unserer heutigen Gesellschaft nichts Besonderes mehr sind, kann ein Trennungsdrama der Eltern für ein Kind eine schmerzhafte Erfahrung sein und sogar zum Traumata werden.

Es sollte niemals vergessen werden, dass Kinder mit einer gewissen Sensorik ausgestattet sind. Einer besonderen Sensibilität für Probleme - sie spüren regelrecht die „dicke Luft", die Disharmonie ihrer Eltern. Einen Streit, egal wie „leise" er ausgetragen wird, bekommen sie immer mit. Auf ihre Art und Weise versuchen sie das Gefühlte und das Erlebte zu verstehen und zu verarbeiten. Dabei kommt es immer wieder vor, dass sich Kinder bewusst oder unbewusst die Schuld an den Trennungsabsichten der Eltern geben. Die Auswirkungen auf die Psyche der kleinen Wesen können frappierend sein - unter Umständen langfristig bis ins Erwachsenenalter. Die mit den Beziehungsproblemen der Eltern gemachten negativen Erfahrungen haben immer mehr oder weniger Einfluss auf die späteren eigenen sozialen Kontakte. Um diese bedrohliche Entwicklung zu vermeiden, sollten sich die Eltern frühzeitig aussprechen und die Vorgehensweise gemeinsam absprechen, bevor sie ihren Nachwuchs über die Probleme oder die Trennung unterrichten. In welcher Form dies geschieht hängt natürlich auch immer maßgeblich vom Alter der jeweiligen Kinder und der Situation ab. Hier ist Fingerspitzengefühl von Nöten und gegebenenfalls auch die Hilfe von Kinderpsychologen oder Sozialarbeitern.

Im „Beziehungskrieg" dürfen Kinder von den Eltern keinesfalls als „Waffe" oder Druckmittel gegen den Partner eingesetzt werden. Auch die Kinder geschiedener Paare brauchen weiterhin sowohl ihre Mutter, als auch ihren Vater als vertraute und glaubwürdige Bezugspersonen. Paare können sich trennen, Haus und Hof sowie ihr Vermögen untereinander aufteilen - aber sie bleiben ihr Leben lang die Eltern ihrer Kinder.

Fallbeispiele

> **Beispiel 1**
>
> Ehepaar, fünf Jahre verheiratet, 2 Kinder, eigenes Haus, lebte bereits räumlich getrennt und „in Scheidung".

Sie (28 Jahre): „Mein Leben war nach der Hochzeit nur noch langweilig. Ich bin jung, ich will noch etwas erleben. Er will mir die Kinder nur wegnehmen, um sich an mir zu rächen."

Er (30 Jahre): „Sie hat die Kinder vernachlässigt. Ist nur noch ihrem Hobby nachgegangen. Die Familie spielte für sie keine Rolle mehr. Ich habe daher die Scheidung und das Sorgerecht für die Kinder beantragt."

Das Paar konnte kaum noch vernünftig miteinander reden. Der lang andauernde Scheidungskrieg hatte die Fronten verhärtet. Sogar Anwälte und Richter empfahlen eine Mediation. Beim ersten gemeinsamen Gespräch kam es fast zu Handgreiflichkeiten. In Einzelgesprächen, aber auch in weiteren gemeinsamen Gesprächen - zum Teil auch mit den Kindern - wurde nach einer für beide Parteien, aber in erster Linie im Sinne der Kinder, tragbaren Lösung gesucht.

Fazit:

Die Scheidung war nicht zu vermeiden. Die Ehe war gescheitert und wurde dementsprechend geschieden. Das Sorgerecht der Kinder verblieb beim Vater, nicht zuletzt deshalb, weil er ihnen das bisherige soziale Umfeld weiter garantieren konnte und weil er der Mutter, von sich aus, ein weitläufiges Umgangsrecht einräumte. Im Sinne der Kinder begrub das Paar auch die gegenseitigen Hassgefühle und beendete die gegenseitigen verbalen Angriffe. Beide fanden neue Lebenspartner.

Beispiel 2

Ehepaar, fünfzehn Jahre verheiratet, keine Kinder, eigenes Haus.

Sie (35 Jahre): „Ich habe bereits ein Burn-out hinter mir. In der Reha kam die Erkenntnis, dass ich mein bisheriges Leben ändern müsse. Aber mein Mann zieht nicht mit, entwickelt sich nicht weiter."
Er (35 Jahre): „Ich liebe meine Frau, so wie sie ist. Und ich bin so, wie ich bin."

Kennengelernt hatte sich das Paar bereits während der gemeinsamen Schulzeit. Erste Liebe - Verlobung - Hochzeit - 15 Jahre Ehe. Er war mit seinem bisherigen Leben zufrieden, sie nicht. Mehr noch - sie litt sehr darunter, wurde krank. Irgendwie fehlte ihr der Sinn des Lebens. Er dagegen ging voll und ganz in seinem anspruchsvollen Job auf. Durch diese Diskrepanz, kam es zum Bruch. In den Gesprächen kam dann heraus, dass beide Partner sich immer ein Kind gewünscht hatten, aber der Wunsch unerfüllt blieb. Da die gegenseitige Liebe noch vorhanden war, beschlossen es beide noch einmal zu probieren - hinsichtlich Partnerschaft und hinsichtlich Kinderwunsch.

Fazit:
Das Paar hatte sich wieder ein Ziel gesetzt, ein gemeinsames Ziel. Als sich nach einem Jahr, trotz intensiver Bemühungen, immer noch keine Schwangerschaft einstellte, adoptierte man ein Kind. In einer nun kompletten und funktionierenden Familie, hat sie ihren Platz und ihre Lebensaufgabe gefunden.

Beispiel 3

Liebespaar, unmittelbar vor der Hochzeit.

Sie (22 Jahre): „Ich hatte plötzlich Angst vor der Zukunft bekommen. Was, wenn er nun doch nicht der Richtige ist? Wenn wir nicht zusammen passen?"
Er (25 Jahre): „Wegen mir müssen wir nicht heiraten. Ich liebe sie auch ohne Trauschein und sie soll sich die Zeit nehmen, die sie braucht, um sicher zu sein."

Es war wie im Film „Die Braut die sich nicht traut". Unmittelbar vor der schon geplanten Hochzeit kamen bei ihr Unsicherheiten auf und sie wollte die Trauung absagen. In gemeinsamen Gesprächen kam dann heraus, dass die Hochzeit in erster Linie von Eltern und Schwiegereltern gewünscht war und diese regelrecht darauf drängten. Das Paar selbst war mit dem Ist-Zustand mehr als zufrieden und damit auch sehr glücklich.

Fazit:

Das Paar nahm sich das, was man bei Partnerschaftsproblemen immer haben sollte: Zeit! Sie gaben dem Druck von außen (Eltern) nicht nach und lebten in „wilder Ehe", bis sie ernsthaft erkrankte und operiert werden musste. In dieser schweren Zeit stand er ihr zur Seite, war jeden Tag im Krankenhaus, hielt ihre Hand vor der Narkose und war im Aufwachraum wieder bei ihr. Dadurch wurde ihr erst bewusst, wie sehr sie ihn brauchte und dass er „der Richtige" für sie war. Sechs Monate nach der vollständigen Genesung heirateten die Beiden.

Ehepaar, 9 Jahre verheiratet, keine Kinder, gemeinsamer mittelständischer Betrieb.

Beispiel 4

Sie (34 Jahre): „Wir leben nur noch für das Geschäft. Er schon mitten in der Nacht in der Backstube, ich den ganzen Tag über im Verkauf. Finanziell geht es uns gut - aber soll das wirklich alles schon alles sein?"
Er (41 Jahre): „Es geht um unsere Existenz. Daher haben wir manchmal zu wenig Zeit für uns. Aber das wussten wir vorher."

Beide Partner sind grundsätzlich unzufrieden mit dem derzeitigen Stand ihrer Beziehung. Daraus resultieren Spannungen und es kommt vereinzelt zu Streitereien. So hatten sie sich das am Anfang ihrer Partnerschaft nicht vorgestellt. Beide träumten von einer ganz normalen Familie.

Fazit:
Nach intensiven Gesprächen fasste das Paar zwei Entschlüsse:
- Man wollte nun endlich eine „richtige" Familie gründen.
- Sie sollte im Betrieb kürzer treten und nur noch halbtags arbeiten.

So wollte das Ehepaar erreichen, dass wenigstens an den Nachmittagen ein geregeltes Familienleben möglich wäre. Aus diesem Grund wurde eine zusätzliche Halbtagskraft eingestellt. Das Experiment funktionierte. Nach wenigen Monaten wurde das Paar schwanger, das Baby stärkte die Beziehung wieder und die Familie lebt heute glücklich und zufrieden.

Beispiel 5

Paar, seit etwa einem Jahr in losem Kontakt, seit einigen Monaten in einer Beziehung, getrennte Wohnungen in zwei verschiedenen Städten, beide haben jeweils zwei Kinder.

Sie (35 Jahre): Er hat sich in der kurzen Zeit unserer Beziehung verändert, ist nicht mehr der starke Mann, den ich einmal kennen und lieben gelernt habe. Aber ich mag ihn noch und wir können gerne Freunde bleiben.
Er (54 Jahre): Ich liebe sie wie am ersten Tag. Aber irgendwann hatte ich das Gefühl, es läuft in die falsche Richtung. Und dann habe ich mich aus Angst, sie zu verlieren, sehr dumm benommen und vieles falsch gemacht.

Eine schwierige Situation für das Paar. Der Altersunterschied, die Entfernung und letzten Endes auch die Kinder. Es lief auf eine Wochenendbeziehung hinaus. Er bemerkte wohl instinktiv, dass die Partnerschaft zu scheitern drohte und versuchte zu „klammern", sie an sich zu binden. Dabei machte er viele Fehler, die ihr nicht passten, was sie letztendlich veranlasste, die Trennung auszusprechen - per E-Mail. Er machte ihre Vorwürfe, sie konterte. Streit. Erst nach einer intensiven Selbstreflexion und der rückblickenden Analyse der Beziehung, erkannte er seine gemachten Fehler und fand wieder zu sich selbst.

Fazit:

Liebe kann man nicht erzwingen. Wenn beide Partner aber in einer stabilen Freundschaft weiterhin zueinander stehen, wurde ein guter Konsens gefunden, mit dem beide in Frieden leben können.

Beispiel 6

Ehepaar, seit 25 Jahren verheiratet, zwei erwachsene Kinder, eigenes Haus.

Sie (48 Jahre): Seitdem unsere Kinder aus dem Haus sind, leben wir nur noch nebeneinander her. Was mich am meisten stört, ist, dass er sich in den letzten Jahren nicht weiter entwickelt hat.
Er (52 Jahre): Es ist alles nicht mehr so wie früher. Sie mäkelt nur noch an mir herum. Nach 25 Jahren Ehe ist ihr jetzt aufgefallen, dass ich schnarche und sie besteht auf getrennte Schlafzimmer.

Eine verfahrene Situation. Die anfängliche Liebe ist im Laufe der Zeit von der Routine abgelöst worden und die Beziehung drohte am harten Familienalltag zu scheitern. Aufgefallen ist das den Partnern erst, als die Kinder ausgezogen waren und die beiden nur noch sich hatten. Die Problematik sollte in Gesprächen erörtert und analysiert werden. Doch schon nach den ersten Sitzungen änderte sich die Situation gravierend. Er hatte eine neue, 15 Jahre jüngere Partnerin gefunden, war kurzfristig ausgezogen und möchte sich scheiden lassen.

Fazit:
Beziehungsprobleme fallen den Betroffenen oft erst auf, wenn sich in ihrem Leben etwas Gravierendes ändert. Im vorliegenden Fall war es der Auszug der Kinder. Es kann aber auch der Abschied vom Erwerbsleben (Rente), eine schwere Krankheit o.ä. der Auslöser sein. Hier zog der Ehemann kurzfristig die Konsequenz und orientierte sich neu.

> **Beispiel 7**
>
> Ehepaar, seit 37 Jahren verheiratet, drei erwachsene Kinder, die schon eigene Familien gegründet haben.

Sie (60 Jahre alt): Mein Mann hatte Prostatakrebs. Nur durch eine Totaloperation konnte sein Leben gerettet werden. Die Ärzte hatten uns schon vorab informiert, dass es nach der OP sexuelle Probleme geben könnte. Aber er ist mein Mann und ich stehe zu ihm, wie er sein Leben lang zu mir gestanden hat.

Er (64 Jahre alt): Mir wurden bei der Entfernung der Prostata auch wichtige Nervenstränge beschädigt. Seit dem bin ich kein richtiger Mann mehr. Es fällt mir sehr schwer darüber zu reden.

Nach seiner lebensrettenden OP verfiel er in einer schwere Identitätskrise aus der er sich alleine und auch mit Hilfe seiner Frau nicht mehr befreien konnte. In langen Gesprächen musste der über Jahrzehnte aufgebaute Mythos, dass nur ein potenter Mann ein „richtiger Mann" sei, wieder abgebaut werden. Nach dieser Rückbesinnung auf sich selbst als Menschen, konnte er auch wieder mit seiner Frau über seine Probleme sprechen und die Beziehung wieder fortsetzen.

Fazit:
„... in guten, wie in schlechten Zeiten." So sollte es sein. Aber nicht jeder kann damit umgehen. Manche Menschen müssen es erst lernen, dass eine Beziehung auf Geben und Nehmen aufgebaut sein sollte und dass jeder Mal in die Position des Nehmenden geraten kann.

Paar, seit 22 Jahren fest liiert, Penthouse-Eigentumswohnung, keine Kinder

Beispiel 8

Sie (50 Jahre alt): Eigentlich können wir uns als Doppelverdiener vieles leisten, wovon andere nur träumen. Aber irgendwie fehlt mir der Sinn des Lebens.
Er (51 Jahre alt): Wir sind DINKs (Double Income, no Kids). Uns geht es gut - finanziell. Wir verreisen zwei Mal im Jahr, leben im Luxus und müssen auf niemanden Rücksicht nehmen.

Die beiden erfolgreichen Banker hatten sich privat im Laufe der Zeit auseinander gelebt und seitdem keine großen Gemeinsamkeiten mehr. Man funktionierte (noch) als Paar, aber das war es dann auch schon. In drei langen Gesprächen konnte die aktuelle Situation analysiert werden und das Paar beschloss, sich eine Beziehungsauszeit zu gönnen. Er ging auf eine 3-monatige Weltreise (Sabbatjahr), sie begann eine Ausbildung zur Heilpraktikerin. Die Beiden telefonierten fast täglich, was dem Sinn einer Auszeit eigentlich widersprach. Doch schon nach vier Wochen reiste sie ihm nach, da sie ihn sehr vermisste. Seitdem funktionierte die Beziehung wieder und noch in diesem Jahr möchte das Paar heiraten (Was natürlich auch keine Garantie ist!).

Fazit:
Manchmal muss man erst spüren, wie es ohne ihn läuft, um festzustellen wie wichtig einem der langjährige Partner geworden ist. Sie hat ihre Heilpraktiker-Ausbildung inzwischen beendet und hat sich selbstständig gemacht, er arbeitet weiter im Bankgewerbe.

Beispiel 9

Ehepaar, seit 20 Jahren verheiratet, 2 Kinder (16 und 18 Jahre alt)

Sie (42 Jahre alt): Im vergangenen Jahr offenbarte mir mein Mann, dass er sich zum männlichen Geschlecht hingezogen fühle. Anfangs war ich schockiert, inzwischen habe ich mich damit arrangiert. Er bleibt für mich mein bester Freund.

Er (43 Jahre alt): Ich bin schwul. Ich weiß es seit fünf oder sechs Jahren, habe meine Gefühle aber wegen der Familie bisher unterdrückt. Ich liebe meine Frau - die immer zu mir gestanden hat - noch immer, nun auf eine andere Art. Wenn aber der richtige Mensch in mein Leben tritt...

Während die Partner perfekt mit der geänderten Situation umgehen konnten, hatten beide Angst, den aktuellen Status quo den gemeinsamen Kindern zu offenbaren. In langen Gesprächen wurden beide Kinder auf die neue Situation vorbereitet, wobei sich herausstellte, dass die ältere Tochter schon „so etwas geahnt hatte" und auch der Sohn hatte keine Probleme, die Sexualität seines Vaters anzuerkennen.

Fazit:

Die Sorge der Eltern war unbegründet - ihre Kinder waren reifer als gedacht. Beide sehen in ihrem Vater in erster Linie den Menschen, den sie lieben und schätzen. Seine sexuellen Preferencen sind ihnen weitestgehend egal.

Anhang

Adressen

BAG Täterarbeit Häusliche Gewalt
Mitglieder der BAG TäHG sind gemeinnützige Organisationen, die mit Tätern Häuslicher Gewalt gegen die Häusliche Gewalt arbeiten und z.B. Therapien anbieten. Die Adressen der rund 50 bundesweiten Beratungsstellen finden Interessierte auf der Homepage der BAG TäHG.
Bundesarbeitsgemeinschaft Täterarbeit Häusliche Gewalt (BAG TäHG) e. V.
Nordring 15 c in 76829 Landau - Tel. 06341 / 55758-21
www.bag-taeterarbeit.de

bkj Berufsverband der Kinder- und Jugendpsychotherapeuten e.V.
Der bkj ist die Interessenvertretung der approbierten Kinder- und Jugendlichenpsychotherapeuten in Deutschland. Die Homepage bietet neben umfangreichen Infos auch eine Suchhilfe nach geeigneten Therapeuten.
bkj Berufsverband der Kinder- und Jugendpsychotherapeuten
Brunnenstr. 53 in 65307 Bad Schwalbach - Tel. 06124 / 726087
www.bkj-ev.de

Bundesverband Katholischer Ehe-, Familien- und Lebensberaterinnen und -berater e.V.
Der Verband hat sich zum Ziel gesetzt, die Kommunikation zwischen den Ehe-, Familien- und Lebensberaterinnen und -beratern anzuregen, zu fördern und zu vertiefen, deren fachliche Qualifizierung fördern. Auf der Homepage kann eine Liste der Beratungsstellen eingesehen werden.
Bundesverband Katholischer Ehe-, Familien- und Lebensberater e.V.
Friedrich-Stein-Str. 28 in 97421 Schweinfurt - Tel. 09721 / 73012557
www.bv-efl.de/

BVPPF Bundesverband Psychoanalytische Paar- und Familientherapie e.V.

Der BVPPF ist ein gemeinnütziger, berufsübergreifender Fachverband für psychoanalytische Paar- und Familientherapie sowie Familienberatung und Sozialtherapie. Die Homepage hilft bei der Suche nach geeigneten Therapeuten.

BVPPF Bundesverband Psychoanalytische Paar- und Familientherapie
Martinistr. 52 in 20246 Hamburg - Tel. 040 / 57622
www.bvppf.de

DGfS Deutsche Gesellschaft für Sexualforschung e.V.

Die DGfS wurde 1950 auf Initiative von Hans Giese mit dem Ziel gegründet, die Sexualwissenschaft in Forschung, Lehre und Praxis zu fördern. Sie ist nicht nur die älteste, sondern auch die größte deutsche Fachgesellschaft für Sexualwissenschaft. Auf der Homepage sind die Anschriften DGfS Sexual Therapeuten aufgelistet.

DGfS Deutsche Gesellschaft für Sexualforschung
und Forensische Psychiatrie im Uni-Klinikum Hamburg-Eppendorf
Martinistr. 52 in 20246 Hamburg - Tel. 040 / 57622
www.dgfs.info

DPTV Deutsche Psychotherapeuten Vereinigung e.V.

Die Deutsche Psychotherapeuten Vereinigung hat die vorrangige Aufgabe, den Einfluss der Psychotherapeuten (Psychologische Psychotherapeuten und Kinder- und Jugendlichenpsychotherapeuten) und die Bedeutung der Psychotherapie zu stärken. Auf der Homepage können geeignete Psychotherapeuten nach Angabe verschiedener Faktoren gesucht werden.

DPTV Deutsche Psychotherapeuten Vereinigung e.V.
Am Karlsbad 15 in 10785 Berlin - Tel. 030 - 23500902
www.dptv.de

pro familia

ist der führende Verband in Deutschland der sich mit den Themen Sexualität, Partnerschaft und Familienplanung beschäftigt. In fast jeder größeren Stadt ist pro familia mit einer Beratungsstelle vertreten. Die Anschriften der 180 Beratungsstellen finden sich auf der Homepage.

pro familia
Deutsche Gesellschaft für Familienplanung, Sexualpädagogik und Sexualberatung e.V.
Stresemannallee 3 in 60596 Frankfurt - Tel. 069 / 26957790
www.profamilia.de

Weisser Ring

Betroffenen von Häuslicher Gewalt stehen die rund 3.000 ehrenamtlichen Mitarbeiter des Weissen Rings in ca. 420 Außenstellen mit Rat und Tat zur Verfügung. Der Weisse Ring vermittelt auf Wunsch auch ein erstes, kostenloses Beratungsgespräch mit einem Fachanwalt.

Weisser Ring e.V. Bundesgeschäftsstelle
Weberstraße 16 in 55130 Mainz - Tel. 06131 / 83 03-0
Bundesweites Info-Telefon 0800 0800343 und 01803 343434
www.weisser-ring.de

Beratung und Infos im Internet

Institut für Paartherapie (IfP) e.V.
www.paarinstitut.de

Sektion Paar-, Familien- und Sozialtherapie im Institut für Psychoanalyse und Psychotherapie Gießen e.V.
www.familientherapie-giessen.de

Institut für Psychoanalytische Familientherapie
Hamburg: *www.kkh-wilhelmstift.de*
Göttingen: *www.familientherapie.uni-goettingen.de*
Heidelberg: *www.klinikum.uni-heidelberg.de*

Akademie für Psychoanalyse und Psychotherapie München e.V.
www.beziehungsanalyse-muenchen.de

Institut für Psychoanalyse und Psychotherapie Gießen e.V.
www.familientherapie-giessen.de
www.gpi.dpv-psa.de

Akademie für Psychoanalyse und Psychotherapie München
www.psychoanalyse-muenchen.de

bkj Berufsverband der Kinder- und Jugendpsychotherapeuten
www.bkj-ev.de

Berliner Arbeitskreis für Beziehungsanalyse
www.beziehungsanalyse-berlin.de

BVPPF Bundesverband Psychoanalytische Paar- und Familientherapie
www.bvppf.de

Bundesverband Katholischer Ehe-, Familien- und Lebensberater e.V.
www.bv-efl.de/

Bundesvernetzungsstelle autonomer Frauennotrufe (BaF)
www.frauennotrufe.de

Onlineberatung der Caritas zu vielen Problemen des täglichen Lebens
www.caritas.de/hilfeundberatung/onlineberatung/onlineberatung

Deutsche Gesellschaft für Psychoanalyse, Psychotherapie, Psychosomatik und Tiefenpsychologie (DGPT)
www.dgpt.de

DGfS Deutsche Gesellschaft für Sexualforschung
www.dgfs.info

DPTV Deutsche Psychotherapeuten Vereinigung e.V.
www.dptv.de

Familienhandbuch des Staatsinstituts für Frühpädagogik (IFP)
www.Familienhandbuch.de

Gesprächstraining für Paare (richtig ausdrücken - richtig zuhören)
www.epl-kek.de

Hilfe zur Selbsthilfe von Dr. Doris Wolf und Dr. Rolf Merkle
www.psychotipps.com

Intakte Elternschaft trotz Trennung/Scheidung
www.iete-muenchen.org

Interessenverband Unterhalt und Familienrecht
www.isuv.de

Adressen von 24.000 Therapeuten und Ärzten
www.paartherapie.de

pro familia Deutsche Gesellschaft für Familienplanung, Sexualpädagogik und Sexualberatung e.V.
www.profamilia.de

Deutsche Psychoanalytische Vereinigung (DPV)
www.dpv-psa.de

Sigmund-Freud-Institut Frankfurt
www.sfi-frankfurt.de

Seite für Kinder, die von Trennung und Scheidung betroffen sind
www.zank.de/kinder

Literaturverzeichnis

Helen Fisher - "WHY WE LOVE: The Nature and Chemistry of Romantic Love" (Henry Holt 2004) www.helenfisher.com

Byron Katie - „The Work: Der einfache Weg zum befreiten Leben" (Goldmann Verlag 1999) ISBN 3442141753 www.thework.com/deutsch/

Rolf Merkle - „Eifersucht. Woher sie kommt und wie wir sie überwinden können." (PAL, Mannheim 2011), ISBN 978-3923614240.

Karl Lenz: „Soziologie der Zweierbeziehung. Eine Einführung" Westdeutscher Verlag, 1998, ISBN 3531133489.

William Isaacs: „Dialog als Kunst gemeinsam zu denken" Edition Humanistische Psychologie, 2002, 978-3897970113

Zu guter Letzt - Ein Nachwort

Ich persönlich bin der Meinung, dass der Mensch nicht langfristig ohne Liebe glücklich existieren kann. Dass er nicht dafür geschaffen ist, ohne Partner zu leben. Natürlich gibt es den ein oder anderen Single, der davon schwärmt, wie toll doch das Alleinleben ist. Wie unabhängig er ist und dass er auf niemanden Rücksicht nehmen muss.

Aber es gibt auch adipöse Zeitgenossen, die steif und fest behaupten, dass sie sich mit ihrem Übergewicht und all den Nachteilen, wohl fühlen und mit niemandem tauschen möchten. Eine Schutzbehauptung? Nicht anders sehe ich es bei vielen angeblich bewusst Alleinlebenden. Denn gibt es etwas Erfüllenderes als eine harmonische Beziehung, in der sich zwei Partner ergänzen? Eine Beziehung, die getragen wird von Liebe, Vertrauen und gegenseitigem Respekt?

Das Problem dabei? Eine perfekte Beziehung kommt nicht von ungefähr und ist auch kein Selbstläufer. Eine Beziehung muss gepflegt werden - Tag für Tag. Die meisten Menschen merken erst, wie wichtig eine Beziehung war, wenn sie in die Brüche gegangen ist. Wenn der (ehemals) geliebte Partner weg ist. Daher empfehle ich Ihnen, liebe Leser, arbeiten Sie an sich und Ihrer bestehenden Partnerschaft, bevor es zur Krise kommt und bevor es zu spät ist. Binden Sie Ihren Partner mit ein. Kommunizieren Sie miteinander - auf allen Ebenen. Immer und immer wieder.

Ich hatte weiter vorn schon über die Liebe als schönste Sache der Welt geschrieben. Dazu stehe ich nach wie vor. Auch wenn Sie einen „schwierigen" Partner lieben, lohnt es sich immer, Zeit in ihn und die Beziehung zu investieren. Menschen können sich ändern - sowohl zum Negativen, aber auch zum Positiven. Nur Sie selbst können entscheiden, ob die Partnerschaft Ihnen Ihre Zeit wert ist. Andererseits sollte man sich auch eingestehen können, wenn eine Beziehung endgültig gescheitert ist. Wenn der Partner nicht mehr will. Wenn Sie nicht mehr zurückgeliebt werden. Wenn Sie leiden -

physisch oder psychisch. In diesem Fall sollten Sie einen Schlussstrich ziehen. Auch wenn es vielleicht kurzfristig weh tut. Monatelang oder gar jahrelang hinter etwas her zu laufen, was schon lange nicht mehr existiert, zermürbt auf die Dauer, macht unglücklich und verstellt unter Umständen den Weg für neue Erfahrungen.

Sie werden über kurz oder lang eine neue Liebe finden. Jemanden, der es wert ist geliebt zu werden und der auch Sie liebt. Jemanden, der Sie zu schätzen weiß. Und Sie werden es genießen.

Es gibt noch so vieles zu entdecken...

"Jedem Anfang wohnt ein Zauber inne,
der uns beschützt und der uns hilft zu leben."
(Hermann Hesse)

Für Fragen und Anregungen: box21@online.de

Sind WIR noch zu retten?

MIX
Papier aus verantwortungsvollen Quellen
Paper from responsible sources
FSC® C105338
FSC
www.fsc.org